図解 戦略経営のメカニズム

Satoshi Komatsubara
小松原 聡

ICT時代における価値創造の理論と実践

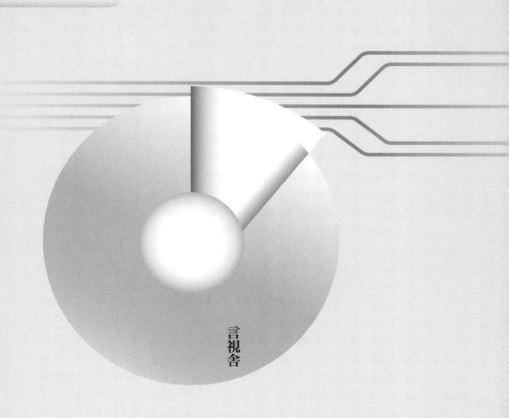

言視舎

【はじめに】

　日本は、バブル経済崩壊後、IT 不況、リーマン・ショック、円高不況、東日本大震災等、度重なる危機に見舞われ、「失われた 20 年」といわれる長い低迷の時期を経験してきた。この間企業は新しい経営ツールを積極的に導入し、事業構造改革、コア機能の先鋭化、リーンな経営を実現する業務・IT 革新、自律分権型事業運営と戦略本社機能強化を目指したマネジメント改革、コーポレート・ガバナンス強化や CSR 経営の推進等、さまざまな取り組みを展開してきた。

　しかし多くの場合、実現できた成果は何かといえば、標準化・IT 化による経費削減、アウトソーシングによる人件費構造の改革、アライアンスや M&A による設備機能の集約・統廃合、海外への製造機能移転といったリストラ的な対応によるコスト削減効果がもたらした業績回復であった。その結果として、世界における日本および日本企業のポジショニングが低下することは不可避であった。

　国レベルで日本が今後どのような進化を遂げるべきなのかといった議論はさておき、企業経営が究極的に追求しなければならないのは、顧客価値の提供を通じた社会的な満足度の増大であるが、これは企業が持ち続けなければならない普遍的かつ本質的な使命である。企業のこのような存在目的を前提としたうえで、それを実現するための具体的な手段や方法論に関する戦略対応が求められている。

　経営戦略の領域においては、プランニング派、ポジショニング派、エマージェンス派、ケイパビリティ派、コンフィギュレーション派等、多様な視点に基づく理論が台頭した。それぞれの主張には相反する要素も含まれており、専門家の間ではそれぞれの主張の優劣をめぐり、壮大な論争が繰り広げられてきた。集合としての人間の活動を普遍化した理論として確立しようとする経営学は、自然科学領域における現象のモデル化・理論化に比べ複雑性が高いため、相反するような理論が並存することも許容せざるを得ない。今後経営理論に関する研究が進化して各学派の多様な理論を統合した大統一理論が構築される時がいずれ到来するかもしれない。しかし、現時点における企業経営の実務的な要請に対応するためには、その時々の環境変化に則して状況

適合的に経営戦略に関する理論や方法論を選択できる組織能力を構築することが重要であると考える。

その意味においては、専門領域や職種・職位に関係なく、戦略的な組織の行動原理を理解し、組織の構成員が自らの組織パフォーマンスを高めることを常に心がける必要がある。従って、今日では戦略経営に関する基礎的な考え方を修得することは、組織で活動する人の全てにとって必要不可欠な素養であるといえる。

本書は、経営における重要度の高いテーマに関する標準的な理論を、今後想定されるICTの進化を含めた重要な環境変化要因に照らして解釈することにより、これから経営に関する理論や考え方を修得しようと考えている人にとって、最も効率的かつ効果的にその全貌について理解できるように構成されている。読者の皆様が本書を通じて経営のエッセンスに触れ、今後さらに重要と考える経営領域に関する理論を深耕するきっかけにしていただければ幸いである。

著者

目　次

目次

【はじめに】……………………………………………………………………………………3

第Ⅰ部　戦略経営のための理論フレームワーク………………………………………11

第1章　経営戦略論の考え方……………………………………………………………12
　1.1　経営戦略論とはどのような学問か………………………………………………12
　1.2　戦略経営の要素……………………………………………………………………15
　1.3　経営戦略論の有用性と限界………………………………………………………17

第2章　価値創造システムとしての企業………………………………………………20
　2.1　企業の種類…………………………………………………………………………20
　2.2　価値創造視点からの企業経営……………………………………………………21
　2.3　企業が実現する「価値」についての考え方……………………………………24
　2.4　価値創造システム視点からの戦略経営要件……………………………………25

第3章　価値創造における今日的課題としてのICT活用視点………………………30
　3.1　ICTが提供するメリットの本質…………………………………………………30
　3.2　ICT活用による経営の高度化視点………………………………………………32
　3.3　ICTを戦略経営の進化に取り込む基本アプローチ……………………………33

第4章　戦略の多様性と階層構造性……………………………………………………36
　4.1　戦略定義における多義性と多様性………………………………………………36
　4.2　戦略理論における10のスクール（学派）………………………………………40
　4.3　戦略の階層構造性…………………………………………………………………45

第5章　戦略策定のための環境分析手法………………………………………………48
　5.1　戦略策定と環境分析………………………………………………………………48
　5.2　SWOT分析手法……………………………………………………………………50
　5.3　その他の環境分析関連手法………………………………………………………57

第6章　競争戦略······61

　6.1　ポーターの競争戦略の考え方とその基本フレーム······61

　6.2　5フォース視点に基づく競争分析······62

　6.3　基本戦略······65

　6.4　バリュー・チェーン······69

第7章　事業のライフサイクルと事業構造管理······76

　7.1　事業のライフサイクルと多角化······76

　7.2　ライフサイクル・ステージと資源要求······78

　7.3　事業構造改革のための資源再配分······80

　7.4　事業ポートフォリオ・マトリックスによる事業構造改革······81

　7.5　事業ポートフォリオ管理の限界······85

第8章　規範的な戦略論の限界を越える新展開······87

　8.1　規範的な戦略論の限界······87

　8.2　ダイナミックな戦略論······90

　8.3　経営資源に着目した戦略論······98

　8.4　学習アプローチの戦略論······103

　8.5　創発性や複雑系への適応力重視の戦略······110

　8.6　ダイナミックな戦略論を支えるICT活用の視点······114

第9章　顧客価値の本質に迫る事業戦略策定······116

　9.1　顧客価値と戦略ドメイン······116

　9.2　事業コンセプトによる優位性の構築······119

　9.3　戦略計画と創発戦略の共進化······120

第Ⅱ部　顧客価値創造の実践······123

第10章　日本企業経営のマクロトレンド······124

　10.1　バブル経済崩壊後の失われた20年を振り返る······124

　10.2　日本企業の経営改革への取り組み実態······126

10.3　これからの企業経営に求められる価値創造································129
10.4　価値創造経営と人材··132

第11章　成長戦略の考え方···136
11.1　成長戦略の意義···136
11.2　成長戦略の方向性···137
11.3　成長戦略策定のポイント···139
11.4　成長戦略の定着に向けて···142

第12章　多角化戦略···144
12.1　成長戦略と多角化···144
12.2　製品市場マトリックス···145
12.3　多角化戦略の実践···148

第13章　バリュー・チェーン改革···152
13.1　バリュー・チェーン改革の位置づけ···152
13.2　顧客価値の先鋭化とバリュー・チェーン改革·····························153
13.3　バリュー・チェーン改革の類型··155
13.4　バリュー・チェーン改革の実践··162
13.5　バリュー・チェーン改革におけるICT活用································165

第14章　イノベーションによる新たな顧客価値創造·······························167
14.1　イノベーションによる成長の重要性···167
14.2　イノベーションと知識創造···168
14.3　イノベーションの加速と阻害要因の排除····································171

第15章　国際事業展開とBOP市場対応···175
15.1　国際事業展開に関する理論···175
15.2　BOP市場対応のビジネス···180
15.3　国際的な事業展開の課題···184

第16章　サービス付加価値化戦略……………………………………189
　16.1　企業の価値創造におけるサービス化……………………189
　16.2　製造業のサービス価値化のためのソリューション事業……193
　16.3　ソリューション事業モデル…………………………………196
　16.4　ソリューション事業の課題…………………………………201

第17章　グループ経営戦略……………………………………………207
　17.1　グループ経営構造……………………………………………207
　17.2　グループ経営の進化と類型…………………………………210
　17.3　グループ経営の戦略マネジメント・コントロール………211
　17.4　グループ経営戦略と本社機構………………………………214

【おわりに】……………………………………………………………217

－ 第Ⅰ部 －

戦略経営のための
理論フレームワーク

第1章
経営戦略論の考え方

　戦略経営のための具体的な理論フレームワークについて検討するのに先立ち、「経営戦略論」とは一体どのような学問なのかということについて、次の図表1－1に示す三つの視点から理解する。

図表1－1　「経営戦略論」について考える

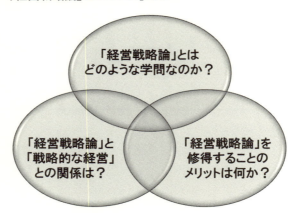

1.1　経営戦略論とはどのような学問か

　科学には、自然科学、応用科学、人文科学他さまざまな分野がある。経営戦略論は社会科学に分類される、企業の経営戦略を研究する科学である。経営戦略論も科学であるので、他の科学と同様に理論仮説の構築とその検証を行なうことを通じて、研究の主題である経営戦略という行為を伴う概念を支配している合理的な法則に関して、人間の理性的な考察に基づく普遍的な理論を確立することを目的としている。

経営戦略論を含む経営学では、人間の諸活動の中における企業の経営活動を研究対象としている。企業を研究することによって、企業の経営行動の基本原理や本質的なメカニズムを解明し、その成果がよりよい企業経営の実践、さらにはよりよい社会の実現に結びつくことを目指している。

現代においては、企業活動が社会の中心的な役割を担っており、経済の主体は企業活動にある。企業経営の良し悪しが経済や社会に与える影響が拡大しているので、よい社会を実現するためにはよい企業活動が不可欠である。よりよい企業経営のあり方を探求し啓発することが、社会の発展と個々の人間の幸福の実現に直結する世の中になっている。経営戦略論の位置づけを図表1-2に示す。

図表1-2　「経営戦略論」の位置づけ

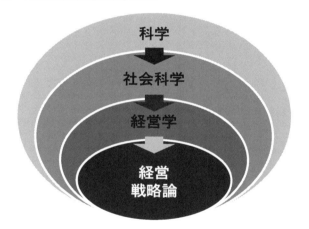

● 社会科学の中で、企業の経営活動を対象に、企業行動の原理や経営管理（マネジメント）のメカニズムを解明する経営学を構成する一つの理論体系として経営戦略論がある。

社会科学は、人間が関わりを持つさまざまな現象（社会における人間行動）を体系的に研究し、社会現象・組織現象の観察を通じた共通項を明らかにすることで、個人・集団・組織・社会の本質を明らかにする学問である。社会科学が研究の対象とする人間が関わりを持つ現象は常に変化しており、かつそこに関与している人間の意図・意志が働くので、社会科学が扱う現象

では決定論的な要素は少ない。従って、社会科学における法則の解明は自然科学におけるニュートン力学的（機械論的・決定論的）な環境下において数量化されたデータを用いた推論から導出される理論モデルとは異なる性格を持つ。社会科学が研究対象とする現象は、「非線形」的な動きを示す確率論的現象であることが多い。経営戦略論を解釈する上においても、不確実性が高い現象を取り扱わねばならないという社会科学の特質を理解し、経営戦略論として展開される理論には多様な観点があることを認識しておくことが重要である。

　経営学には、図表1－3に示すように、三つの特徴がある。第一に、経営学は学際的なアプローチを用いる領域科学であるという点である。経営学が研究対象とするのは、人間のさまざまな社会的な活動の中でも、企業活動という特定の領域を研究対象とする学問である。研究対象は企業の活動に限られているが、研究に用いられる理論や手法面においては、経済学、社会学、心理学、統計学等特定の学問領域に限定されることはなく、そのスコープはじつに幅広い。将来的には脳科学をはじめとするより先端的な科学領域にまでそのスコープを拡大していく可能性がある。

　第二の特徴として、実践科学であることが要求されていることが挙げられる。企業行動の理論的な解明にとどまらず、企業経営の高度化を通じた社会の発展に貢献することも求められている。そのため、理論仮説の構築と、その実証的検証というアプローチが重視されている。

　第三の特徴として、不確実性が高く非合理な人間活動を科学する学問であるため、複雑性の科学をベースとした非線形的な現象を扱うアプローチの重要性が高まっていることが挙げられる。経営行動に関する現象は、決定論的に捉えるのではなく確率論的に捉え、統合的な視点から経営理論の進化を導く意識が重要であると考える。

　経営戦略論も、経営学が持つこれらの特徴を踏まえて理解することが重要である。戦略理論に関する個別の理論的アプローチの優劣を論ずることも大事であるが、実務面においては、各種戦略理論の状況適合的な要素を理解し、自社がおかれている経営環境により有効な理論的アプローチを選択できる能力を持つことのほうがはるかに重要であると考える。経営および経営戦略に関する多様な理論を理解し、それらを自社の進化に適した方法で選択・適用

第 1 章　経営戦略論の考え方　15

することが必要である。

図表 1 - 3　経営学の三つの特徴

学際的アプローチによる領域科学	● 企業という特定の領域が対象。 ● 特定の理論的枠組みや教義を当てはめるものではない。 ● さまざまな理論的道具（経済学、社会学、心理学、統計学等）を使ってアプローチする学際的な学問。
企業経営の高度化を通じて社会に寄与する実践科学	● 現実のメカニズムの解明にとどまらず、対応方法に関する施策にまで踏み込むことが求められている。 ● 企業の経営改善のための手法やツールの理論的な枠踏みを提供することが期待されている。 ● ICTをはじめとする世の中のさまざまな領域における技術的進化と密接な関係がある。
不確実性が前提となる複雑性の科学	● 不確実性が高く非合理な人間や人間の集団としての組織の意思決定を対象としている。 ● 状況適合的で人間の思考に関する仮説設定と多角的な分析視点が必要。 ● 非線形性を前提としたアプローチが必要。

1.2　戦略経営の要素

　企業を経営するということは、企業の存在目的や存在意義、すなわち自分たちの企業が提供する顧客価値や社会価値といった価値命題を明確に定義することから始まる。さらに、自らが設定した価値命題を可能な限り高い水準で実現するために、事実命題として有効かつ合理的な手段や適切な方法論を選択することが必要である。戦略経営とは、事実命題問題に関して適切な対応が継続的に採られることである。

　また、戦略経営を実践して事実命題問題への適切な対応を実現するためには、二つの要件があることを理解しておく必要がある。一つ目は、価値命題である企業目的を実現するための戦略施策の策定、すなわち戦略計画の立案である。二つ目の要件は、戦略施策の統制、すなわちマネジメント・コント

ロール・システムの設計と構築である。戦略経営というと、戦略計画策定に力点が置かれがちとなるが、戦略計画を策定するだけでは戦略経営は実現しない。戦略施策の実施段階において、コントロールが効く状態が整備されてはじめて戦略経営は実現する。戦略経営を実現するための二つのアプローチについて、図表1－4に示す。

図表1－4　戦略経営を実現する二つのアプローチ

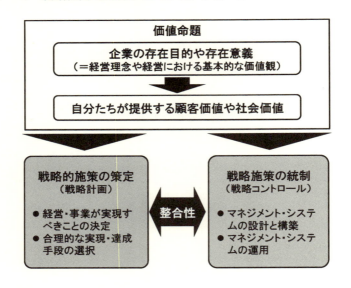

　戦略経営は、戦略策定のみならず、その適切なコントロール手段が提供されてはじめて実現するので、狭義経営戦略論の知識だけでは戦略経営に十分対応できない。戦略経営を実現するためには、マクロ領域の経営学、ミクロ領域の経営学、さらには経営学以外の科学全般に係わる幅広い知見を持ち合わせていることが望ましい。図表1－5に、戦略経営に求められる知識領域を示す。

図表1－5　「戦略経営」に必要な知識領域

● 戦略経営は、経営戦略論に限られることなく、学際的な知見を活用することにより、社会の発展や個人の幸福を実現する企業活動を実践すること。

1.3　経営戦略論の有用性と限界

　戦略経営を実践すること、すなわち適切な戦略施策を選択できることと、経営戦略論をはじめとする経営の諸理論を活用することの関係についてみてみる。

　よい戦略施策は、多くの場合において、戦略論における理論的合理性が備わっている。従って、理論的合理性を有する戦略施策を採用するほうが「よい戦略」、「成功する戦略経営」につながる可能性が高いといえる。戦略の理論的な枠組みを理解し、それらを適切に活用できることが戦略経営を実現するうえでの必要条件である。

　しかし、理論的に正しく合理的と思われる戦略施策を展開しても、それが必ずしも成功するとは限らない。既存の戦略理論に合致した戦略施策を実践したとしても、それは100％成功するという保証があるものではなく、場合によってはそれがまったく成果に結びつかない経営としての失敗につながる

こともある。図表1－6に示すように、理論的に正しい合理的な施策が必ずしもよい結果を生む戦略施策であるとは限らないが、よい結果につながる戦略施策には必ず理論的合理性が備わっているものである。従って、戦略経営を成功させるためには、理論的合理性が備わっている戦略を採択できる能力を持つことが求められる。

図表1－6　「戦略理論」と「戦略施策」との関係

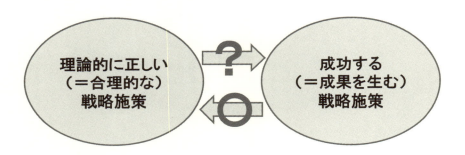

では、戦略理論と実際に実行に移される戦略施策との関係には、なぜこのような非対称性が発生するのであろうか。それは、経営組織は非合理性を持つ人間の集団による活動であり、そのような組織の行動を科学することには困難が伴うためである。企業の経営行動を左右するさまざまな意思決定は、それに関与する人間の個別性の高い経験に基づく主体的意志が強く働くものであり、多様な個性が反映したものである。従って、経営組織は必ずしも決定論的な振る舞いをするものではなく、その行動特性は非線形的な要素が強く、複雑性が非常に高いものにならざるを得ない。

経営学も科学であり、経営行動に関する理論の構築と実証による裏付けというアプローチが採用されるが、それは力学的・機械論的なアプローチに基づく法則性の解明・モデル化とは異なり、将来の完全な予測を可能とする決定論的な理論の構築とは性格が異なることを認識しておくことが望ましい。

経営戦略論をはじめとする経営理論にはある種の限界があることを認識し、その理論的特性をよく理解した上で、実践に適用する姿勢が求められる。ある戦略理論を適用してそれが有効に機能するためには、その戦略理論を適

用可能とする一定の条件が整うことが必要であり、その意味において戦略理論は極めて状況適合的である。このことが意味するのは、戦略的経営のための諸施策を考えるに当たっては、経営なり事業が置かれている状況をよく見極め、その状況に適合する理論を選択する能力を持つことが大事になるということである。

　以上述べてきた戦略論の特質を理解した上で、戦略の諸理論を戦略経営の実践に反映することができるようになることで、企業は個人の幸福度を高めていくための社会における中核的な経済主体として、有効な活動を展開できる存在となる可能性が高まる。

第2章

価値創造システムとしての企業

　ここでは、企業の存在意義や社会における期待役割を再確認することにより、戦略経営が究極的に何を目指すべきものなのか、また企業経営者が戦略経営を実践することによって追求すべき本質的な経営成果とはどのようなものであるのかということを明らかにする。

　特に、株式会社に焦点を当てた企業の社会における役割、企業を経営することの意味を理解する。企業を価値創造システムとしてとらえた場合、企業をよい状態に保つということは、価値の増殖と資源活用の効率化を持続的に実現することであることを理解する。

2.1　企業の種類

　企業には、民間が出資・経営する営利追求の私企業もあれば、国や地方公共団体が出資・経営する非営利の公企業もある。さらに、私企業でも、株式会社形態の企業もあれば、社団や財団法人形態の企業もある。このように、企業の種類は多様性に富むことを認識する必要がある。企業の形態と種類に関する整理を図表2−1に示す。

　企業の種類に多様性があるのは、社会の企業に対する期待に多様性があり、それぞれの期待に適した企業形態が存在するからである。すなわち、企業が社会に対してどのような役割を果たすかは企業の種類によって規定され、異なる種類の企業は社会に対して異なる成果を提供することによって社会に貢献する存在であると捉えることができる。

　このように、企業の種類には多様性があり、企業の種類に応じてその存在意義・目的も異なるため、戦略経営が目指す成果も、企業の種類によって異なる。そのため、戦略論の議論を展開するうえでは、対象とする企業の範囲

を明確にしないと、議論が発散してしまう危険性がある。

　本書では、特別なことわりがない限り、営利追及の私企業を検討の対象とすることとし、私企業の中でも特に株式会社形態の公開企業の戦略経営のあり方を考察することとする。

図表２－１　企業の種類

企業の形態分類に基づく種類	
法律（会社法等）で規定される形態	● 個人企業 ● 組合企業： 民法上の組合、匿名組合 （農協、生協、等） ● 会社企業： 合名会社、合資会社、有限会社、株式会社、相互会社、等
経済形態（出資者の構成や、出資者と経営のあり方等）に基づく形態	● 私企業 （民間出資の営利目的企業） 　・単独企業： 個人企業 　・集団企業： 合名会社、合資会社、有限会社、株式会社、協同組合、相互会社 ● 公企業 （公益性が高いが営利活動に馴染まない事業を国や地方公共団体が営む企業） 　・行政企業： 現業（国有林野事業を除き、国立印刷局や造幣局等の独立行政法人及び特殊会社に移管）、地方公営企業 　・公共法人： 営団、事業団、特殊法人、地方公共企業体 ● 公私合同企業 （公企業の公共性に民間企業の効率性を実現するために民間企業と政府／地方自治体が共同出資する企業） 　・政府公私合同企業： 日本銀行、商工組合中央金庫、関西国際空港等 　・地方公私合同企業： 第3セクター等
属性（規模や事業特性等）による形態	● 大企業、中小企業、零細企業、ベンチャー企業等 ● 多国籍企業、地場企業、複合企業（コングロマリット）、同族企業等

2.2　価値創造視点からの企業経営

　一般的な議論の場においては、「民間企業の経営目的は利益の最大化にある」とする定義方法がよく用いられる。企業が利益を最大化するような経営行動を採ることは決して間違った認識ではない。しかし、利益最大化を「企業の存在目的」として位置づける考え方は、企業経営の一側面を捉えているにすぎず、企業の存在意義や目的を定義するに当たっては、あまりにも企業

の役割・ミッションを矮小化し過ぎているといわざるを得ない。

　企業がどのような経営成果の実現を目指して運営するべきであるかということについては、企業の存在意義・目的の定義方法如何によって異なってくる。従って、企業の戦略経営というものを考察するに当たっても、企業の存在意義や目的に関する定義を明確化したうえで進める必要がある。

　企業の存在意義や目的の定義方法については、図表２−２に示すように、企業を捉える立場の違い等により、さまざまな考え方がある。企業の存在意義・目的の定義は一様ではないことをまずは理解したうえで、企業における戦略的な経営の実現を社会的な意味との関連において定義することが重要である。

図表２−２　企業の存在目的に関するいくつかの定義方法

企業が存在する目的の定義方法	
1	事業活動により利益を追求し、それの極大化を目指す組織。 （経済学でよく用いられる定義）
2	内部組織の活動により市場における取引コストを下回る組織。 （新制度派経済学における効率概念重視の解釈）
3	社会の一機関として、顧客が求める価値を提供することで社会の要求に応える組織。 （利益は経営目的ではなく企業活動存続のための制約条件であるとする考え方）
4	社会が必要とする付加価値を資源を加工して創造し、それに対する対価を得、価値創造に必要な費用を支出する組織。 （価値提供に対する費用と対価の関係を付与した定義）
5	社会が必要とする富と顧客を主体的に創造する組織。 （潜在的な欲求を顕在化させる主体的役割を付与し社会的価値向上を重視した定義）

　実務家としての経営者は、企業の利益責任を強く意識せざるを得ない立場にあるのは事実である。しかし、企業経営の目的を利益追求自体に置いたのでは、社会が必要とする企業の本質的な役割を正しく定義できない。企業の戦略経営のあり方を議論する際の前提として、企業が社会システムの中で果たすべき役割について正しく認識する必要がある。

本書では、企業を「価値創造システム」として定義し、価値創造システムが有効に機能するための要件について考察することとする。価値創造システムとしての企業の概念を図表2-3に示す。

図表2-3　価値創造システムとしての企業

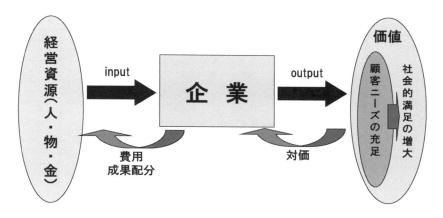

企業を「価値創造システム」として定義すると、その活動の基本的なスキームは以下のように捉えることができる。

①価値創造システムとしての企業の第一義的な役割は、企業活動によって顧客が必要とする価値を産出することにある。
②顧客は、企業から提供を受けた（購入した）価値に対して、それに見合う対価を支払う。
③企業は顧客に価値を提供することを通じて、社会的な満足の増大を実現する。
④企業が顧客価値を提供するためには経営資源の投入を必要とし、経営資源を加工することによって顧客が求める価値を生産する。
⑤企業は、経営資源の獲得に必要な費用（または成果配分）を支出しなければならない。
⑥「民間」企業では、経営資源の獲得に必要な費用または成果配分の原資を、自らが生産して提供する顧客価値の対価で賄う。

以上を要約すると、価値創造システムとしての企業は、「経営資源を加工することにより顧客価値を生産・提供することで社会的な満足の向上に寄与する存在である」と定義することができる。ただし、民間企業の場合、価値創造システムが経営資源の獲得に必要とする資金については、市場メカニズムが働く環境下において、自らが生産して顧客に提供した価値の対価として受け取る収入で賄わなければならないという制約がある。民間の企業は採算面において自立的な存在でなければならないという意味において、企業経営において利益を確保することはとても重要な意味を持つ。しかしながら企業経営において利益を確保する行為は企業の存在意義・目的ではなく、企業が価値創造システムとして存続できるための「必要条件」あるいは「制約条件」であると考えることが妥当である。

2.3　企業が実現する「価値」についての考え方

企業を価値創造システムとして捉えるに当たって、企業が創造する「価値」というものの実態について考察しておく必要がある。企業活動を通じて生み出される価値概念についてもさまざまな考え方がある。通常よく利用される価値概念としては、次の図表2-4に示す三種類の価値がある。

図表2-4　企業活動に関連する価値概念の種類

企業が生み出す価値の種類	
経済価値	● 企業が利益や付加価値を追求するための活動によって生まれる金銭的な価値。企業が生み出す経済価値は会計的には企業価値とみなすことができる。
顧客価値	● 顧客が持つ欲求を満たすことによって生じる価値。顧客が得る満足に対して支出する金額とそれを生産するための費用との関係（＝利益）によって金銭的に把握することができる。
社会価値	● 企業活動を通じて社会的な課題を解決することによって社会が得る便益から生まれる価値。

企業経営者は、利益責任を果たすという意味において、経済価値の実現を意識する必要がある。しかし、企業が経済価値を実現するためには、顧客価値を実現することが求められ、顧客価値の実現なくして経済価値の実現はあり得ない。

　狭義のコーポレート・ガバナンスに関する議論では、経営者が企業価値を高める経営を実践することが強く主張される傾向にある。企業経営において株主利益を意識することに異を唱えるものではないが、企業価値を高めるためには、顧客価値を高いレベルで実現することが不可欠である。従って、企業の戦略経営においては、顧客価値の実現を意識することが基本となる。

　最近では、企業経営は顧客価値のレベルにとどまらず、社会価値の実現を重視すべきであるとの考え方が台頭している。単に経済的な価値や顧客価値を実現するだけではなく、事業を通じて社会が抱えるさまざまな課題を解決するという視点が重要性を増している。企業は顧客価値を提供するという行為を通じて社会的な満足を高めるという間接的なアプローチではなく、企業が展開する事業活動が、顧客価値・経済価値と社会的価値の同時実現を目指すべきであるという考え方である。

　今後、企業は社会的価値の実現をより強く意識した経営にシフトする必要があるが、社会的価値の実現は従来の社会貢献的な意味としてではなく、あくまでも収益事業として経済価値を実現する一方で社会価値も実現することが求められている。しかし、戦略経営が第一義的に重視すべきは顧客価値の実現であることには変わりない。

2.4　価値創造システム視点からの戦略経営要件

　企業の戦略経営とは、「価値創造システムとしての企業をよりよい状態に保ち続けることである」と捉えることができる。すなわち、企業の戦略経営のあり方を解明することは、価値創造システムとしての企業をよりよい状態に保ち続けることへの取り組みとはいったいどのようなものであるのかを明らかにすることと同値であるといえる。

　企業の経営者が価値創造システムとしての企業をよりよい状態に保ち続けるための基本的な取り組みは、図表2－5のように整理することができる。

図表2－5　戦略経営の要素

	価値創造システムのよりよい状態に保ち続けるための取り組み内容
1	● **より多くの価値創造を実現する　⇒　企業としての成長性** ・提供価値の質的向上・量的拡大により事業が成長することで社会的満足の増大を実現する。 ・顕在化しているニーズに対してより高いレベルでの価値提供を実現する。 ・潜在的なニーズを発掘してあらたな価値提供機会を創造する。
2	● **価値創造を効率的に実現する　⇒　経営の効率性・採算性** ・いくら多くの価値を提供しても、それが経営資源の浪費につながるのであれば、民間企業として存在する価値はない。 ・経営効率 ＝ 産出価値（output）÷投入資源（input） ＝ 投下資本利益率 ・公正な取引環境下にて最小の資源投入で最大の顧客価値を産出する。
3	● **価値創造システムの継続的な改革を実現する　⇒　進化経営** ・瞬間的によい状態が作り出せるだけではなく、それを持続させることができなくてはならない。 ・環境変化に対して常に有効な価値創造システムであり続ける。 ・ゴーイング・コンサーンとしての責任を果たす。

　よい状態で経営されている企業は、「価値提供」が増大して売上高が拡大するのみならず、経営効率も向上して利益も増大するというよい循環が実現する。利益というのは企業経営の目的ではなく価値創造システムが存続可能であるための前提条件であることは先に述べたとおりであるが、価値創造システムとしての企業が有効に機能していれば、利益は企業が優れた戦略経営活動を行なった結果として実現するものである。

　企業がゴーイング・コンサーンとして存続し続けるためには、利益体質であることが要求され、経営者の意識がそのことに集中するのは当然のことである。逆に利益が上がらない経営というのは、顧客に提供する価値が低く、世の中に対する貢献度も低いと言わざるを得ない。またいくら高い顧客価値提供ができていても、価値創造の効率性が悪ければ利益は生まれない。顧客が喜ぶ価値提供ができていても、事業の効率性が悪ければ、それは世の中の経営資源を浪費していることを意味し、社会に対する貢献度は低いことにな

る。

　本来、企業が提供する価値に対して顧客が支払う対価と、価値提供のために企業が使用する経営資源のために支払う費用は独立しているものであるので、企業がよい状態で経営されていればその差分である利益は増えるべきものである。多くの顧客価値提供を高い経営効率で実現できている企業は高採算であり、社会に対する貢献度が高いことになる。従って、公平な取引関係において採算性が高い企業ほど、社会に対して高い貢献をしていると考えるべきであり、高利益体質の企業は高く評価されこそすれ決して非難の対象とされるべきものではない。

　一時期脚光を浴びた法人名目説に基づく狭義のコーポレート・ガバナンス議論では、企業価値の向上による株主利益の実現が重視されていることは前述した通りである。繰り返しになるが、企業価値の向上を目指した経営を実践すること自体は悪いことではない。しかし、狭義のコーポレート・ガバナンス論に基づく経営だけでは、社会の健全な発展が妨げられる危険性がある。今日では、法人実在説に基づく広義のコーポレート・ガバナンスに対する認識が増してきており、企業経営は株主を含めたさまざまなステークホルダーの利益を反映したものであることが望ましいと考えられるようになってきている。このような広義のコーポレート・ガバナンス視点は、企業の社会的責任論（CSR: Corporate Social Responsibility）にも通じる考え方である。

　今日では企業の社会的責任論からさらに発展して、戦略的に社会価値創造を実現することが重要であると認識されるようになってきている。価値創造システムとしての企業が、社会的価値の実現により積極的に取り組むようになれば、社会の諸問題を最も効率的に解決し、世の中の幸福度をより高いレベルで実現できる社会機関になれる可能性を秘めている。

　価値創造システム視点での戦略経営のための要件を、「価値創造システムとしての企業をよりよい状態に保ち続けることである」と規定した。企業の戦略経営によって創造すべき価値に関する考え方については、顧客価値の実現が第一義的重要性を持つが、今後は顧客価値のみならず社会的な価値の同時実現に対する配慮も重要性が高まりを見せることを認識しておく必要がある。

　社会価値の実現を重視した企業の戦略的経営では、マルチ・ステークホル

ダー環境下において、それぞれのステークホルダーがどのような課題を抱えており、それらの課題を解決するためにどのような価値を必要としているのかを認識する必要がある。その上で、顧客価値を実現しつつ、その他のステークホルダーのニーズや課題解決に貢献する仕組みを確立することを目指す必要がある。マルチ・ステークホルダーを意識した価値創造システムの概念を図表2－6に示す。

図表2－6　マルチ・ステークホルダーを意識した価値創造システム

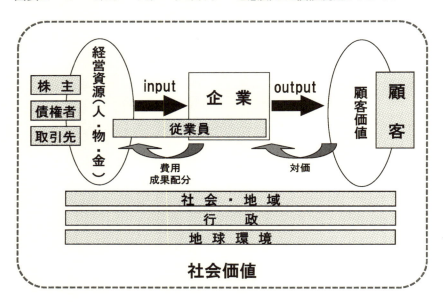

　企業は事業活動を通じて多様な価値を生み出しているが、前述したようにその代表的なものとして、経済価値（企業価値）、顧客価値、社会価値がある。従来これら三種類の価値は独立したものとして捉えられることが多く、企業経営と三つの価値を実現することの関係についてもさまざまな考え方が存在していた（図表2－7の上の図）。株主の立場を重視する狭義のコーポレート・ガバナンスの観点では経済価値の実現による企業価値の向上が中心的な関心事であったし、マーケティングや戦略論的観点からは顧客価値への訴求が中心的な課題として認識される傾向があった。企業の社会的責任が重

視されるようになると、社会価値の実現が注目されるようになった。

　しかし、企業経営というのは独立した複数の価値の実現を個別的に目指すものではなく、経営が実現したいと考える最上位の共通目的に対応した価値の実現を最優先して目指すものである。共通目的は体系的に下位目的として展開され、それらを分業化された組織体制によって達成するというのが経営の基本的なメカニズムであるが、その過程を通じてさまざまな価値が実現する。

　では、企業経営が実現すべき共通目的としての本質的な価値とは何か。それは、顧客価値の実現を通じてマルチ・ステークホルダーの利益を実現し、究極的に社会価値を高めることであると考える。戦略経営では、顧客価値の実現が重要な意味を持つが、現在は顧客価値自体が社会価値に接近する傾向にあり、顧客価値追求のベクトルと社会価値追求のベクトルとが一致するという状況が出現しつつある。このため、経済価値の実現は顧客価値の実現に包含され、顧客価値の実現は社会価値の実現に包含されるという関係が生じている（図表２－７の下の図）。社会のこのような潮流により、これからの戦略経営は社会価値の実現にあると定義することも可能である。

図表２－７　企業が創造する価値間の関係

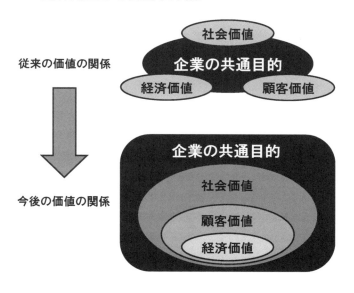

第3章

価値創造における今日的課題としての ICT 活用視点

今日では ICT、ないし IoT や VR/VA さらには AI 等、ICT に関連するあるいはそれから発生する技術領域を抜きにして、企業経営を語ることはできない。しかし、これらの技術領域がいくら拡大・進化したとしても、戦略論や戦略経営の本質が変化するわけではない。本章では、戦略論に関する個別の議論に入る前に、戦略経営における ICT 活用の基本的な考え方を整理することにより、戦略経営における ICT の効果的な活用方法を理解する。

3.1 ICT が提供するメリットの本質

ICT 及びそれに関連する技術を活用することによって得られるメリットは数えきれないほどたくさんある。そして、これらの領域における技術は、進化すればするほど得られるメリットも増大し、その潜在的な可能性は無限の広がりを持つといえる。ICT に関連する技術が実現できる個別のメリットはあまりにも膨大であり、それらについて一つ一つ検討することは現実的とはいえない。しかし、ICT に関連する技術がもたらすメリットの本質を捉えることにより、ICT が提供可能な普遍的な価値を知ることは可能である。図表3-1に、ICT 技術が提供可能な普遍的な価値を示す。

①ユビキタス（遍在）性：いつでも、どこでも情報が利用できること。
②リアルタイム性：情報が発生した時点で即時的に活用・処理できること。
③大量情報の処理：人間の能力の限界をはるかに超えた大量の情報の蓄積・処理ができること。
④情報処理精度・確度向上：ヒューマン・エラーや人間の非合理性・曖昧性を極限まで排除した情報の蓄積・処理ができること。

⑤バーチャル性：物理的な実態を伴わない仮想的・疑似的な空間を創造できること。

図表 3 − 1　ICT が実現する普遍的価値

　ICT がもたらす普遍的な価値を理解することにより、ICT を戦略経営の高度化によりよく活用することができるようになる。逆に、戦略経営において何を実現したいのかという目的意識が明確化されなくては、いくら優れた ICT が出現したとしても、それを経営に効果的に取り込むことは期待できない。

　どのような戦略を採ろうとしているのか、またその戦略を実践して成功するための主要な要因は何であるのか、どのようなプロセスによって戦略を実践するのかといった経営としての意志が確立しないと、ICT を効果的に経営に取り込むことはできない。しかし、ICT を含めさまざまな技術領域における進化が、経営にとって戦略オプションの拡大をもたらすといった関係があることも事実である。技術領域における進化と、経営における戦略施策の高度化とは、表裏一体の関係にある。

　企業経営の高度化は社会の進化と社会的満足の向上にとって不可欠な要素である。社会の進化が加速するためには、ICT 領域における技術進化が経営が持つ本質的なニーズを正しく理解した上で、経営が活用可能な ICT 環

境の高度化を実現することが求められる。一方で、経営する側においては、ICTが持つ普遍的価値を理解したうえで、個別具体的な技術領域における進化を把握し、技術の進化により新たに利用可能となる情報環境をどのような形で経営に取り込むことが経営目標の高度化にとって有効であるかを見極める能力を持つことが求められる。ICTの高度化と経営の高度化の関連を図表3－2に示す。

図表3－2　ICTの高度化と経営の高度化

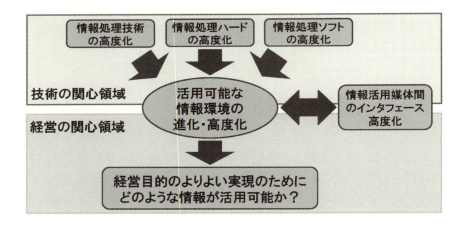

3.2　ICT活用による経営の高度化視点

　経営目的をより高度なレベルで実現することを目的に、ICT及び関連領域における技術進化を活用するためには、大別して二つの視点がある。一つ目の視点は、企業が提供する顧客価値自体の高度化に資するICT進化の取り込みである。二つ目の視点は、企業が提供する顧客価値自体は変わらないものの、価値提供プロセスやそのマネジメント環境の有効化・効率化・低コスト化に資するICT進化の取り込みである。ICTを活用することにより、経営目的をより高いレベルで実現するための基本的な視点は、図表3－3に示すようなマトリックスとして捉えることができる。

第3章　価値創造における今日的課題としての ICT 活用視点　33

図表３－３　より高度な経営目的を実現する ICT 活用視点

ICTの価値領域	提供する 顧客価値の高度化	価値提供の 有効化・効率化・低コスト化
ユビキタス性		
リアルタイム性	・ どのような技術進化があるのか？	
大量情報の処理	・ それらの進化がそれぞれのセルにおける経営目的の実現にとってどのような貢献があり得るのか？	
情報処理精度・確度向上		
バーチャル性		

　顧客価値自体の高度化に資する ICT 進化の取り組みの事例としては、購買空間のバーチャル化、BTO をはじめとするワン・ツー・ワン・マーケティング環境や E－コマースの実現、IoT を活用したアフター・マーケットの開拓等がある。イノベーションを伴う新たな顧客価値創出・顧客満足提供であり、この領域における ICT 活用が加速されることが強く望まれる。

　企業の価値提供プロセスやそのマネジメント環境の有効化・効率化・低コスト化に資する ICT 進化の取り組みのほうが、事例としては数多くみられる。業務処理の迅速化・効率化・品質向上、業務機能の機械化・自動化、知識共有による生産性の向上、ビッグデータの活用による新たな知識の獲得等の事例がある。今後は、データ処理の領域から知識創造の領域に重点がシフトすることが想定される。

3.3　ICTを戦略経営の進化に取り込む基本アプローチ

　戦略経営の進化は、ICT 環境の進化なしでは実現できない。戦略経営の進化に必要な ICT 環境の進化を実現するための基本アプローチは、理想ICT 環境（To Be）とはどのようなものであるべきかを想定し、それに対して現状の ICT 環境（As Is）をどれだけ変革することが可能なのかという視点から実現可能な ICT 環境（Next）を設定する。その際、エンタープライ

ズ・アーキテクチャ（EA）のフレームに基づいて、改革の設計図を描くことが有効である（図表3－4）。

図表3－4　EAを活用した戦略経営のためのICT環境改革

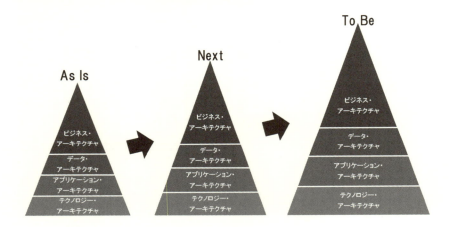

EAとは、経営戦略を実行するために、企業内の経営資源を構造化し、各レベルで「誰が、何を、どのように行なうのか」を定義することで、経営戦略の実施体制を設計したものである。EAは、以下に示す4つのレベル（＝ドメイン）で構成される。

①ビジネス・アーキテクチャ（政策・業務体系）：政策・業務の内容、実施主体、業務フロー等について示したもの。→業務説明書、機能構成図、機能情報関連図、業務フロー等
②データ・アーキテクチャ（データ体系）：各業務・システムで利用される情報内容と、各情報間の関連性を体系的に示したもの。→情報体系クラス図、実体関連図、データ定義図等
③アプリケーション・アーキテクチャ（処理体系）：業務処理に最適な情報システムの形態を体系的に示したもの。→情報システム関連図、情報システム機能構成図等
④テクノロジー・アーキテクチャ（技術体系）：システムを構築するうえで必要となる技術的構成要素（ハード・ソフト・ネットワーク等）を体

系的に示したもの。→ネットワーク構成図、ソフトウェア構成図、ハードウェア構成図等

　ICT 環境が進化することで、より高度な戦略経営が実現する。戦略経営の進化のためには、EA の全てのレベルにおける進化が必要である。最終的にはテクノロジー・アーキテクチャが進化することも必要であるが、その前提として、ビジネス・アーキテクチャのレベルにおいてどのような進化を遂げようとしているのかが明確化されている必要がある。ビジネス・アーキテクチャのあり方に基づき、それを実現するために ICT 環境が提供すべきデータレベルのアーキテクチャが定義され、さらにはそれらのデータに関する処理体系を定義するアプリケーション・アーキテクチャが設計される。

　このように、適切な ICT 環境を整備するためには、ビジネス・アーキテクチャの設計、すなわち自社の戦略経営の実態としての業務遂行体系が明確に設計されていることが求められる。

第4章

戦略の多様性と階層構造性

　企業経営は、その企業が存在することの意義・目的を定義するという「価値命題」領域の対応と、所与の目的を達成するための合理的な手段を選択するという「事実命題」領域の対応とがある。戦略は、それぞれの企業が固有に持つ価値観・理念から出発して、事業を設計したり資源配分を決定したりする戦略計画を策定することや、競争優位の源泉となる能力構築環境を整備することまでを含む幅広い概念である。戦略は多義的であり、多様な視点や方法論があることを認識する必要がある。

4.1　戦略定義における多義性と多様性

　戦略にはいろいろな解釈があります。戦略という言葉の原点である軍事（兵学）的視点からは、「長期的・全体的展望に立った闘争の準備・計画・運用の方法」、「戦争（闘争・競争行為）を『目的－戦略－戦術』と階層化・体系化して各レベルにおける最適解を求めるアプローチ」といった解釈がある。生物学的解釈では、「生存のための方法、生き残りのための智恵」という考え方もある。企業経営の視点では、「組織のミッションに沿って目標とする成果を達成するためのプラン」であるとか「闘う土俵（市場セグメント）、闘い方（競争優位の構築要因）、投入資源（有限な経営資源活用におけるプライオリティづけ）を決定すること」等の定義方法がある。しかしこれらはあくまでも一例でありこれら以外にも多数の定義が存在する。

　経営戦略には多様な考え方があるので、必然的にそれを対象とする経営戦略論も多岐にわたる。さらに、戦略経営の実践には、多数の個別的な要素が複雑に絡み合うので、個別の企業に適用可能な戦略を特定の汎用的な理論を用いて導くことには無理がある。経営戦略に関する統一的な定義を与えるこ

とや、経営戦略論のスコープや方法論を規定したり各種理論の優劣を評価したりすることは困難であり、かつあまり生産的な議論であるとはいえない。むしろ、経営戦略の多義性と経営戦略論の多様な考え方を理解したうえで、それらの中から目的に応じて戦略経営の実務に展開する適切な理論的枠組みを選択できることがより重要であると考える。

　経営戦略を定義するための視点として世の中でかなり広く共有されている戦略観として、ミンツバーグによる「戦略の５つのＰ」という考え方がある（図表４−１）。

図表４−１　戦略に関する５つのＰ

５つの視点	戦略の概要
Plan	● 環境を分析することにより、将来の方向性や採るべきアクションに関する指針・方針・進路を規定する「意図的な計画」に基づく戦略。
Pattern	● 過去の行動の集積から自社の成功のパターンを抽出し、学習の過程で「創発的に」形成された要素を将来の行動様式に規定する戦略。
Position	● 市場や業界内において他社とは異なる独自性の高い位置づけを見出すことで、自社製品の特異でユニークな価値を生み出す戦略。
Perspective	● 将来展望に基づく企業の基本的な理念やグランド・デザインを描く、将来に向けてのビジョンとしての意志が強く反映した戦略。
Ploy	● 策略を意味し、社内外に向けての交渉力や政治的力学の利用により優位性を構築する戦略。

　戦略の５Ｐには、将来を予測することから生み出されるという考え方がある一方で、過去を振り返ることにより見出されるという考え方もある。あるいは、環境の分析的アプローチから導出されるという考え方があれば、それとは逆に経営としての意志を重視する考え方もある。

　このように、戦略の５Ｐには相反する要素も含まれるが、どの視点が優れているのかということを議論するよりも、戦略とはこれら５つの視点を包括して考えるものであると位置づけることが、戦略経営を実現するうえでのよ

り適切なアプローチとなる。

　また、経営戦略論を扱う経営学にはいろいろなディシプリン（＝理論的な基盤）があることを認識しておくことも必要である。ディシプリンが異なると、ある特定の事象に対しても異なる見方が存在する可能性がある。ディシプリン間で見解が異なり対立することもあれば、補完的な関係にあるディシプリンもある。

①経済学ディシプリン
　・産業組織論
　・組織の経済学
　・取引費用の経済学等
　・合理的人間観に基づく理論
②認知心理学ディシプリン
　・サイモンの意思決定論
　・イノベーション経営（知識創造）等
　・非合理的人間観を採り入れた理論
③社会学ディシプリン
　・ネットワーク理論等
　・人と人、組織と組織の社会的相互作用の視点に基づく理論

　さらに、戦略構築に対する考え方には変遷があり、戦略構築の力点が変化していることを認識しておくことも有用である。以下に示す戦略構築アプローチの多様性を知ることにより、戦略経営に必要な複数のアプローチを識別できるようになり、実践においてより適性の高いアプローチを選択できるようになる。

①戦略 "planning" →　分析的アプローチを多用した戦略構築
②戦略 "thinking" →　仮説検証型アプローチによる戦略構築
③戦略 "capability" →　特殊な能力を持つ資源の蓄積による戦略構築
④戦略 "crafting" →　戦略構築は工芸的な要素を伴う

このように、戦略に関する理論には多種多様な視点が存在する。さらに、戦略論の分類や体系化に関する考え方も複数存在し、統一した体系が確立しているものではない。戦略理論の体系化の考え方についての多様な視点を、図表4－2に示す。

図表4－2　戦略理論の体系化視点

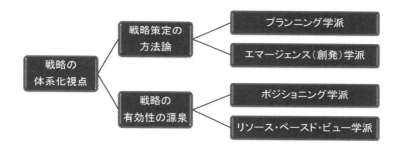

多様な経営戦略論の種類を、戦略の適用要件の視点からの分類を試みたのが図表4－3である。個別の戦略を網羅的かつ構造的な体系として整理することは困難であるが、戦略の多様性を理解し、実務的なニーズにおける適用領域を認識することに対する一助にはなるものと思われる。

図表4－3　戦略の適用要件視点からの分類例

適用要件	戦略の種類	適用要件	戦略の種類
経営の活動レベル	● グループ経営戦略 ● 企業戦略 ● 多角化・成長戦略 ● 事業戦略 ● 製品戦略	経営の機能領域	● 開発・技術戦略 ● マーケティング戦略 ● 生産・製造戦略 ● ロジスティクス・物流戦略 ● 販売戦略 ● 調達・購買戦略 ● SCM戦略 ● 組織戦略 ● 財務戦略 ● 人材戦略 ● IT戦略
地理的な範囲	● グローバル戦略 ● マルチ・リージョナル戦略 ● エリア戦略		
優位性の源泉	● ポジショニングに基づく戦略 ● 資源論に基づく戦略 ● 学習する組織の戦略 ● イノベーション戦略 ● デファクト・スタンダード戦略	事業・市場の特性	● マーケット・リーダー戦略 ● フォロワー戦略 ● ニッチ戦略

40

　以上みてきたように、経営のための戦略と戦略構築に関する理論とは多様性を持つものであり、かつその多様性には相反する要素が含まれている。図表４－４に戦略の相反的な要素とそれらの統合化のあり方を示す。

図表４－４　戦略のパラドキシカルな要素の統合化

戦略のパラドキシカルな要素の統合と調和
● 意図に基づく計画的戦略と、創発的に形成される戦略の融合。
● 予測能力と、予期せぬ出来事への対応力を兼ね備えた戦略の構築。
● 一貫した将来展望と、柔軟な環境変化適応力の両立。
● 計画的でありながら、漸進的な要素をも持つ戦略策定。
● 支配・統制型でありながら、参加・委譲型のプロセスが融合した戦略策定。
● ビジョナリーでありながら、細部の解像度も高い戦略構築。

　戦略経営が実践的に有効であるための戦略の構築に当たっては、個別戦略領域間の重層的および相反的な関係を理解した上で、複数の視点を統合化する取り組みを指向することが重要である。

4.2　戦略理論における 10 のスクール（学派）

　ここでは、戦略論の多様性について、ミンツバーグが、その代表的著書の一つである「戦略サファリ」で提示した、戦略論に関する１０のスクール（学派）を紹介する。１０のスクールの類型化には、明確な分類軸が存在するわけではない。大別すると、「望ましい戦略形成のあり方」を追求する「規範的な性格を持つ戦略論（スクール①～③）」と、戦略がどのように形成されるのか戦略の形成プロセスに着目する「記述的な特性による戦略論（スクール④～⑩）」とに類型化されるが、１０番目のスクールについてはそれ以外の９のスクールを統合したものとして位置づけることもできる（図表４－５）。

図表4−5　戦略論における10のスクール（学派）

戦略形成の「べき」論が展開されている規範的な性格を持つ戦略

①デザイン・スクール：　コンセプト構想プロセスとしての戦略形成
②プランニング・スクール：　形式的策定プロセスとしての戦略形成
③ポジショニング・スクール：　分析プロセスとしての戦略形成

記述的な戦略形成プロセスにおける固有の特性を持つ戦略

④アントレプレナー・スクール：　ビジョン創造プロセスとしての戦略形成
⑤コグニティブ・スクール：　認知プロセスとしての戦略形成
⑥ラーニング・スクール：　創発的学習プロセスとしての戦略形成
⑦パワー・スクール：　交渉プロセスとしての戦略形成
⑧カルチャー・スクール：　集合的プロセスとしての戦略形成
⑨エンバイロメント・スクール：　環境への反応プロセスとしての戦略形成

戦略形成プロセスを「トランスフォーメーション（＝変革）」プロセスとみなす

⑩コンフィギュレーション・スクール：　変革プロセスとしての戦略形成

それぞれのスクールの概要を以下に示す。

①デザイン・スクール

● 企業の内的な能力（強み；strength、弱み；weakness）と外的可能性（機会；opportunity、脅威；threat）の二者を適合させる「SWOT分析」を戦略策定の中核とする最もベーシックな考え方。
● 安定的な環境下における集権化された機械論的組織との適合性が高いが、不確実性の高い時代には適用困難である。
● 計画的プロセスの責任者はCEOに限定されるため、戦略策定（思考）と実行が分離し組織学習が阻害される。
● 代表的研究者：アンドリューズ、チャンドラー

②プランニング・スクール

● 戦略計画策定の形式的なプロセスと方法論とが組織と時間軸に沿って体系化され、SWOT分析を起点にさまざまな目標・予算・プログラムに関する運用プランへと落とし込まれていく。

- プロセス全体に対する責任は CEO が持つが、実質的な戦略策定は戦略スタッフによる数量データ分析に依存する。
- 安定的でコントロール可能な環境下における大規模な機械的組織との適合性は高いが、戦略形成プロセスの本質である考察・創造力・統合化は犠牲となり、戦略が満たすべき組織文化的要件も軽視されがちとなる。
- 代表的研究者：アンゾフ、グールド、キャンベル

③ポジショニング・スクール
- 競争原理が働く市場における包括的なポジションの選択に焦点を当て、業界内において利益水準が平均利潤より高くなるところに自社のポジションを確立するという産業構造論における「SCP（Structure-Conduct-Performance）パラダイムに基づく。
- 戦略策定プロセスだけでなく戦略そのものの重要性にも焦点が当てられ、産業構造と市場競争原理に関する定量化が可能な経済的な側面の分析結果に基づいて、最適なポジションを一つ選択することであるとする規範を提示した。
- 単純・安定・成熟した構造的で定量化可能な環境にある大規模な機械的組織（必需品の大量生産）、事業部化されたグローバル企業との適合性が高い。
- 業界や競合等の定量化可能な外部環境データによる将来予測に基づく形式化された戦略策定プロセスに傾斜しすぎているため、ダイナミズムと革新性に欠け、内部能力に対する配慮が不足する。
- 代表的研究者：孫子の兵法やクラウゼヴィッツといった軍事戦略家の思想がルーツにあり、BCG（Boston Consulting Group）のポートフォリオ・プランニングと経験曲線、ポーターによる競争戦略に代表される。

④アントレプレナー・スクール
- 戦略はリーダーの頭の中にあるパースペクティブ（展望）・長期的な方向性に対する感覚である。
- シュムペーターの「創造的破壊」を起源とし、一人のリーダーによる戦略形成における直観・判断・知恵・経験・洞察を強調。

- ●ダイナミックだがリーダー個人の理解範囲を超えない単純な環境における集権化された単純な組織に対する適合性が高い。
- ●戦略形成が一人のリーダーに依存するのでブラック・ボックス化されやすく、また社員が依存的になるのでリーダーが運用細部に入り込みすぎて経営の大局観・重大な変化を見失う懸念がある。
- ●代表的研究者：コリンズ、ムーア、ベニス

⑤コグニティブ・スクール
- ●戦略家の心（mind）に着目し、認知心理学を用いて分析することで戦略形成プロセスを解明する。
- ●戦略家の心の中には知識を系統づける心的構造（＝フレーム）が存在し、このフレームに基づいて環境からのインプットを処理することでパースペクティブとしての戦略が出現する。
- ●人間の認知の限界を認識し、戦略策定の創造的側面に注目。これまでの客観的な戦略を提唱するスクールと、この後の主観を重視する戦略の架け橋的位置づけ。
- ●戦略形成は複雑で創造的な活動で、いまだに十分な解明は行なわれておらず発展途上。
- ●代表的研究者：サイモン

⑥ラーニング・スクール
- ●組織内のどこかで創発した行動・経験・知識を集合的なシステムである組織が学習し、組織全体の認知としての戦略が定着する。
- ●こうした学習はまず行動から始まり、そして回顧し、思考が刺激され、新たに行動の意義づけが行なわれていくという創発的な形をとる。
- ●リーダーの役割は、戦略計画的な意思決定を行なうことではなく、新たな戦略が出現する学習のプロセスをマネジメントすることにある。
- ●現実的な規範を伴う戦略形成の姿ではあるが、規範的な戦略の否定につながる懸念があり、また明確な危機が存在する場合の即応性に欠ける危険性がある。
- ●代表的研究者：センゲ、ハメル、プラハラード、ミンツバーグ

⑦パワー・スクール
- ●社内外のステークホルダーに対して、戦略家が個人・組織の影響力を

行使することで意図する戦略上の方向性に導く戦略形成プロセス。

- 営利企業が市場における競争優位を獲得する戦略を実現するには、組織内（ミクロ・パワー）、外部組織（マクロ・パワー）の利害関係を自らのパワー（交渉力）によって有利な方向に導く。
- 複雑な相互作用に対処するために集合的レベルで戦略を開発するための「コラボレーション（協創)」や「コーペティション（協合)」による競争の排除がある。
- 大規模な成熟化した組織（ミクロ・パワー）や複雑で非常に分散化した専門的組織（マクロ・パワー）に適合。
- 代表的研究者：アリソン、フリーマン

⑧カルチャー・スクール
- 企業の重要な資源の一つとしてカルチャーを位置づけ、組織が共有する文化・価値観にフォーカスすることによって形成される独自性が高い戦略。
- カルチャーは戦略的安定を維持する方向性に強く作用するが、その一方で必要な変化を阻害してしまう危険性がある。
- 代表的研究者：レンマン、ノーマン

⑨エンバイロンメント・スクール
- 環境適合を重視し、環境が戦略を規定し、組織は環境に従属する受動的なものと考える、条件適応理論（コンティンジェンシー理論）からの派生。
- 環境（サプライヤー、競合他社、顧客、政府機関等、環境を構成するさまざまなプレイヤーの相互作用）が組織の適合条件を決め、その条件を満たす進化を遂げた組織が生き残るため、同じ環境にある組織の戦略は収斂する。
- 代表的研究者：ハナン、フリーマン

⑩コンフィギュレーション・スクール
- 変革をどうマネージするかという課題に対する変化プロセスのコントロールで、他の9の学派を包括・統合化する考え方。
- 組織が置かれた一つのコンフィギュレーション（組織構成・配置）から、トランスフォーメーション（変革）のプロセスを経て、状況にふ

さわしい新たなコンフィギュレーションの状態へ変化することを重視
する。
- ●普遍性は高いが、変革のハウツーを提供しない。
- ●代表的研究者：ミンツバーグ

　さらに、戦略構築に対する考え方には変遷があり、時とともに戦略構築の
力点が変化していることを認識しておくことも有用である。戦略構築に関す
るアプローチの変遷を知ることにより、戦略経営に必要な多様なアプローチ
を理解できるようになり、実践においてより適性の高いアプローチを適用で
きるようになる。

4.3　戦略の階層構造性

　戦略の多様性には、戦略が持つ階層構造的な特性に基づく多様性があるこ
とも理解しておく必要がある。上位の戦略階層では高い普遍性を持つ戦略コ
ンテンツが求められるのに対して、下位の戦略階層では具体性のある戦略コ
ンテンツが求められる。また、戦略の階層間における整合性の確保も大事な
要件であり、上位の戦略を受けてそれがブレークダウンする形で下位の戦略
が策定されるというのが原則的な考え方となる。戦略の階層間の整合性を確
保するためには、それぞれの階層内・階層間の戦略をコントロールするため
の管理サイクル構築が重要な課題であり、ICT による支援環境の整備が戦
略経営の実現の大きな鍵となる。
　戦略の階層構造性は、図表4－6に示すように、時間軸に沿った階層構造
性と、組織構造軸に沿った階層構造性とがある。戦略経営を実践する実務上
の観点からは、戦略の階層構造の意味を理解し、自社の戦略階層構造をどの
ように設計するかがとても重要な意味を持つ。

図表4-6　戦略の2つの階層構造

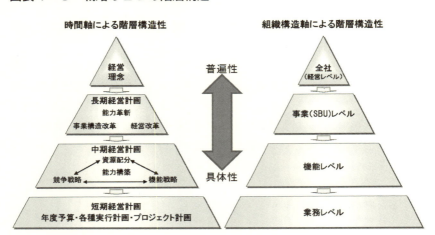

　時間軸に沿った階層構造では、普遍的な価値として最上位階層に経営理念が位置し、それの実現を目指してより具体性の高い、長期経営計画、中期経営計画、短期経営計画へとブレークダウンされていく。長期経営計画は通常5〜10年レンジのもので、事業・マネジメント・能力革新のための経営の大きな方向性としてのビジョンが示される。

　長期経営計画は中期経営計画に展開されるが、中期経営計画はほとんどの場合において3カ年で策定される。3カ年間計画が固定的に策定される方式と、毎年3カ年計画をローリングで策定する方式とがある。環境変化対応力の観点からはローリング方式が理論的に優れるが、計画策定のコストや計画の下方修正に対する脆弱性から固定方式が選択されることも珍しくない。中期経営計画は、資源配分戦略、競争戦略、機能戦略等から構成され、戦略経営実現の要として位置づけられる。

　中期経営計画はさらに短期の年度計画や予算に展開される。ローリング方式の中期経営計画を採用する企業では、その初年度の内容がほぼそのまま短期の計画に充てられる。予算を含む単年度の計画は、戦略の具体的達成指標が設定される。

　組織構造軸に沿った戦略階層では、全社（あるいはグループ）レベルの

戦略が最上位に位置し、全社戦略を実現するために、事業（SBU: Strategic Business Unit）レベル、機能レベル、さらには業務遂行レベルの戦略へとブレークダウンされる。事業構造や事業遂行上の戦略要件によって、事業レベルと機能レベルの階層の上下関係は入れ替わるが、一般的に多角化した事業構造を持つ企業（グループ）では、組織の基本構造として事業別体制が採られるので、事業レベルの戦略が機能レベルの戦略より上位に位置づけられることが多い。

　全社レベルの戦略は、事業構造改革の方向性を定めたり、事業を横断的に統合することで資源の優位性を獲得する戦略が策定されたりするのが一般的である。事業レベルより下位の戦略では、競争優位性の追求が中心的なテーマとなる。

第5章

戦略策定のための環境分析手法

　戦略の多様性について前章で触れたが、ここから第7章までは「規範的」といわれる戦略論の概要について解説する。規範的な戦略論とは、戦略形成の「べき論」を体系化したものであり、戦略コンセプトの構想プロセスを重視するデザイン・スクール、形式的策定プロセスを重視するプラニング・スクール、業界構造をはじめとする分析プロセスを重視するポジショニング・スクールが知られている。

　戦略経営とは、変化し続ける環境に対する適応行動であるという考えに立脚し、第5章では規範的戦略の根幹をなす、環境分析の意味と、SWOT分析をはじめとする主な環境分析手法を紹介する。

5.1　戦略策定と環境分析

　経営は、価値創造システムとしての企業を、よい状態に保ち続けることである。しかし、経営を取り巻く環境は絶えず変化している。従って、企業は環境変化に適応して、常に自らの価値創造システム及びその行動様式を進化させることが求められる。

　戦略経営の本質は何かというと、絶えず変化する環境に適応できるように、企業システムを常に変革することであるといえる。仮に、ある特定の時点で環境に適合した最適な経営システムが実現したとしても、経営環境は次の瞬間には変わっているので、その経営システムは完成した時点から陳腐化が進み、時間が経過するにつれて環境との不適合度合いは拡大することになる。逆に、環境の変化が全くないという状況が想定できるのだとすれば（実際にはそのような状況はあり得ないが）、戦略というものは必要がないともいえる。現代は、環境変化がますます激しさを増しているので、今まで以上に迅

速かつ柔軟に環境変化に対応できる戦略経営を実践することが求められている。

規範的な戦略論では、環境分析が戦略策定の根幹に位置づけられる。環境変化を正しく分析することが、よい戦略施策を導出する出発点に位置づけられる。環境を分析するということは、現在までの環境変化を正しく認識し、さらにその分析を基に将来起きる環境変化を予測することである。従って、規範的な戦略論を採用するに当たっては、環境の予測可能性というのがとても大事な前提条件になる。環境変化の予測可能性が、戦略施策の良し悪しを左右する決定的な要因となる。

企業経営を取り巻く環境は、外部環境と内部環境に大別される。一般的に「環境分析」というと「外部環境の分析」のことを思い浮かべがちであるが、戦略策定のための環境分析では、外部環境と同時に内部環境の分析も進めなければならない。孫氏の兵法謀攻篇には「彼（敵）を知り、己を知れば、百戦して殆（あや）うからず」という一節があるが、時代は変わっても戦略の要諦は不変である。

価値創造システムとしての企業を取り巻く環境要因には、図表5－1に示すようなものがある。代表的な外部環境要因としては、市場・ユーザー、流通業者、新規参入・代替品、競合企業、取引先、業界構造、資金調達先（投資家、金融機関等）が挙げられる。また、内部環境要因としては、組織能力、コア優位性、組織構造、人材活性度、経営システム、文化・風土といったものが挙げられる。

図表5－1　環境分析のスキーム

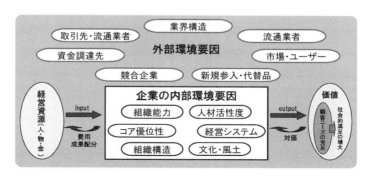

今日、環境分析においてICTを有効に活用することの重要性が高まっている。従来のICTは収集した環境情報データの処理が主たる活用領域であったが、これからはIoTやSNSの進展にみられるように、情報の収集段階までも含めたICT活用環境の整備が進むことが想定される。またICTで扱える情報内容も、従来は数値化されたデータが中心であったのが、今日ではテキスト形式のビッグデータも扱えるようになる等、技術が飛躍的に進歩している。このような技術の進化を受けて、今後ICTの活用場面はますます拡大することが予想される。

5.2　SWOT分析手法

環境分析のための代表的な手法として、アンドリューズが提唱した「SWOT」分析がある。SWOT分析は、組織の内的状況と組織を取り巻く外的期待を一致させるというのが基本的な考え方である。その基本フレームは、企業の内部環境変化要因を「①強み（Strengths）」と「②弱み（Weaknesses）」という視点から、また外部環境変化要因を「③機会（Opportunities）」と「④脅威（Threats）」という視点から認識することによって、分析を進めるものである。

①強み（Strengths）：経済価値や競争優位を創出する経営資源とケイパビリティ。
②弱み（Weaknesses）：経済価値や競争優位の実現を困難にする（あるいは企業が本来的に持っている強みを減じてしまう）経営資源。
③機会（Opportunities）：企業が競争上のポジションや経済的なパフォーマンスを向上させる可能性を持つ外的要因。
④脅威（Threats）：企業の経済的パフォーマンスを減じる危険性を持つ外的要因。

内部環境変化要因を「強みと弱み」に分けて認識することにより、企業が内的に持つ卓越したコンピタンスが抽出される。また、外部環境変化要因を「機会と脅威」に分けて認識することにより、企業の外部に存在する主た

る成功要因を抽出することができる。図表5－2に示すように、外的な成功要因の抽出と内的なコンピタンスを紐づけることで戦略施策を導出するのがSWOT分析の基本フレームである。

図表5－2　SWOT分析の基本フレーム

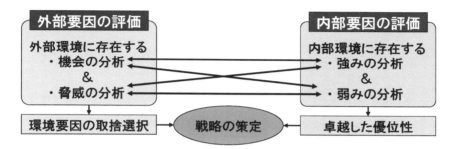

SWOT分析を行なう際の主たる分析項目を図表5－3に示す。ここに示す分析項目は、あくまでも普遍性を持たせることを意識したものである。実際の戦略策定に当たっては、どのような環境要因を分析すべきかといった設計から始める必要がある。その際、単に分析対象項目を抽出するのではなく、収集する情報に求められる精緻さや期間についても考慮する必要がある。

図表5－3　SWOT分析項目

◆ 機会・脅威（外部環境変化）分析項目	◆ 強み・弱み（内部環境変化）分析項目
1. **マクロ環境分析** ●社会的な変化：人口動態、社会的な嗜好・関心、生活様式 ●政治的な変化：法規制、法制度、国際標準 ●経済的な変化：景気、金利・為替、物価、失業、貯蓄率 ●技術的な変化：新技術出現、技術の普及度合い ●自然環境の変化：天然資源、温暖化、砂漠化 ※マクロ環境分析のための情報源：国勢調査（総務省）、事業所統計調査（総務省）、労働力調査（総務省）、家計調査（総務省）、消費者物価指数調査（総務省）、小売物価統計調査（総務省）、国税庁の統計情報（国税庁） 2. **業界構造分析（業界の魅力度）** ●競争業者の変化 ●新技術、新規参入、代替の可能性 ●サプライヤー、ユーザーとの力関係の変化 ●コスト／収益構造の変化 ●バリュー・チェーンにおける付加価値構造の変化 3. **コンペティター（競合他社）分析** ●基本戦略の変化 ●製品戦略やマーケティング戦略の変化 ●機能戦略（バリュー・チェーン構造）の変化 4. **市場・顧客分析** ●市場規模の変化（成長・縮小傾向） ●顧客特性の変化 ●受容価値（購買決定要因）の変化 ●価格動向 5. **KFS(Key Factor for Success)分析** ●成功要因の変化	1. **業績分析** ●全社の成長性、収益性、効率性、キャッシュ・フロー、安全性、生産性、投資収益率 ●事業別／市場別の業績動向 2. **戦略分析** ●事業のポートフォリオ構造 ●個別事業におけるビジネス・モデルの優位性 ●個別事業における個別戦略の差異性・優位性 3. **マーケティング力分析** ●商品企画力 ●チャネルに対する支配力やカバレッジ ●ブランド力、顧客の囲い込みの状況 4. **研究開発分析** ●保有技術の質的高さ、スコープ ●研究開発資源 5. **オペレーション分析** ●サプライチェーンの品質、コスト、納期水準 ●拠点、ネットワークのカバレッジ 6. **マネジメント分析** ●経営スキル ●組織構造、マネジメント・システムの充実度 7. **人材分析** ●必要スキルの充足度 ●士気、スキル、満足度、活性度 8. **情報システム(IT)分析** ●IT基盤 ●情報活用能力、リテラシー

　実際にSWOT分析に基づいた戦略策定を行なうに当たっては、TOWS分析（クロスSWOT分析）の枠組みを活用するのが効果的である。TOWS分析とは、図表5－4に示すように、外的要因としての「機会・脅威」と内的要因としての「強み・弱み」の二つの軸によって作成されるマトリックスを考えて、環境分析結果を該当するそれぞれのセルに当てはめることで戦略を導出する方法論である。

第5章 戦略策定のための環境分析手法　53

図表5-4　TOWS分析による戦略策定

	機　会	脅　威
強み	S/Oポジションの基本対応 ● 強み(Strengths)を活かして機会(Opportunities)を最大化する。または、機会(Opportunities)を活かして強み(Strengths)をより強化する。	S/Tポジションの基本対応 ● 強み(Strengths)を最大限に活用することで脅威(Threats)からの影響を最小限にとどめる。
弱み	W/Oポジションの基本対応 ● 弱み(Weaknesses)を最小化するために機会(Opportunities)を最大限に活かす。	W/Tポジションの基本対応 ● 弱み(Weaknesses)に対する脅威(Threats)を最小限にとどめる。

　基本的な対応方針は、強みを機会に生かす、弱みと脅威の鉢合わせを回避する、強みを強化する、弱みを強みに変えることである。以下 TOWS 分析における各セルでの対応方針を整理する。

① S/O ポジションの基本対応
　・市場が要求している事業機会で自社の強みが発揮できる領域を特定する。
　・企業にとって最も優先的に取り込むべき環境要因で、独自の強みを磨き優位性を獲得すべき領域。
② S/T ポジションの基本対応
　・自社の強みを活用して、脅威要因を回避、あるいは弱める。
　・脅威に対して、自社の強みで対応することにより、他社に対する相対的な機会要因に転換する。
③ W/O ポジションの基本対応
　・事業機会はあるが自社の強みがないためにチャンスを逃してしまう危険性がある領域を認識する。
　・自社の弱みを克服できる可能性を探る、あるいは相対的に競争が少な

いニッチな領域を見出す。

④ W/T ポジションの基本対応
 ・脅威に対して、自社の弱みが露呈してしまう最悪の状態を認識する。
 ・最悪の状況を回避すべき手立て（場合によってはその場から撤退する
  方策）を探る。

　SWOT 分析では、環境分析に関わる情報の入手可能性が大きなポイント
になる。機会・脅威要因や、強み・弱み要因を抽出しようにも、情報が存在
しないあるいは入手するためのコストが膨大であれば、入手困難な情報に関
連する環境項目の分析はできない。実際の分析作業を進めるに当たっては、
分析項目のプライオリティ、分析に用いる情報の精度・粒度・解像度、情報
収集方法等に関する調査設計を適切に行なうことが大事な手順となる。粗す
過ぎる情報に基づく分析では結果の精度は期待できないが、かといって精緻
すぎる情報分析を目指すとコストがかかるのみならず情報過多による分析結
果の質の低下をもたらす危険性がある。
　SWOT 分析は戦略構築のための代表的なツールの一つであるが、弱点も
ある。SWOT 分析では、環境要因は十分に安定的で予測可能である必要が
あり、このような前提が成立する領域での戦略構築には極めて有効なツール
である。しかし、環境の不確実性を取り込むことは困難であるため、環境変
化が激しい領域での戦略構築に対しては脆弱性がある。静的な環境下での戦
略策定のツールとしては優れるが、ダイナミックな環境下の戦略策定につい
ては限界があることを認識した上で利用する必要がある。
　もう一つの弱点は、SWOT 分析における機会・脅威に関する判断は不確
実性あるいは曖昧性を完全に回避することはできないことである。強み・弱
みや機会・脅威は概念としては明快であるが、実際の環境分析のプロセス
においてそれらを絶対的な評価として特定するのは困難である。強み・弱
み、機会・脅威要因相互間の関係によってその評価結果は異なることを認識
する必要がある。また、戦略策定時点においては、機会・脅威に関して中立
的（判断不能）な要因も存在する。例えば、「規制強化」という外部環境要
因は実態としては一つのファクトでしかないが、それが機会要因なのかそれ
とも脅威要因なのかということについての判断は、規制対応力に関する自社

とライバル企業との相対的な優位性の関係によって決まるものである。また、強みや弱みは企業にとって確定的な要因ではなく、ある長さを持った時間軸で見ると意図的に変更することが可能である。従って、能力の改善度合いによって強み・弱みは変化し、それに伴い機会・脅威の位置づけも異なるものになる。

SWOT分析にはこのようなデメリットもあるが、それらを認識した上で活用すれば、戦略策定の有力なツールとなることは確かである。SWOT分析のための外部環境分析項目のチェック・リストを図表5-5に、また、内部環境分析項目のチェック・リストを図表5-6に示す。

図表5-5 外部環境分析項目のチェック・リスト

大項目	中項目	小項目
1. マクロ環境分析	人口動態	人口推移、地域別移転状況、出生率、年齢構成、世帯構成
	経済動向	GDP、物価、株価、貯蓄率、為替、国際経済
	法規制・標準化の動向	規制の緩和、規制の強化、国際的標準化
	国内外の政治環境	政権の安定性、政策の継続性
	自然・環境への配慮事項	二酸化炭素排出率、砂漠化、オゾン層、天然資源
	社会文化の動向	文化的価値観、ライフスタイル
	技術進歩の動向	新技術革新・進歩、技術の成熟化・衰退
2. 市場・顧客分析	市場魅力度	市場規模（推移）、ライフ・サイクルステージ（成長性）、価格動向
	市場構造の変化	顧客セグメント、地域・年代・性別その他のセグメント別特性
	顧客嗜好・ニーズの変化	顕在化している顧客の嗜好・ニーズ、潜在的なニーズや代替需要の可能性
	購買行動の変化	購買決定要因、購買意思決定プロセス、購買決定者
3. 競合分析	業界・市場における競争優位要因の変化	寡占化の状況（主要企業のシェア動向など）、競争業者（プレイヤー）の競争優位要因、競争業者（プレイヤー）、市場における競争優位要因（ユーザーの受容要因）
	業界内におけるパワーバランスの変化	シェア構造、台頭・衰退の状況、市場に対する支配力・影響力の状況
	主たる競合他社の競争力の変化	優位性確立領域、個別の優位性要因（コスト競争力、技術・開発力、マーケティング・販売力、SCM・オペレーション能力、マネジメント力、バリューチェーン領域、アライアンス）
	川下バリューチェーン構造の変化	川下バリューチェーン構造、川下・顧客に対する優位性・交渉力・取引条件の変化
	川上バリューチェーン構造の変化	川上バリューチェーン（仕入れ）構造、川上・供給業者の交渉力・取引条件の変化
	新規参入・撤退の状況	業界への新規参入／撤退の可能性、障壁の高さ
	代替製品・技術の可能性	顧客ニーズを満たす代替品の有無、また将来的な出現可能性

図表5-6　内部環境分析項目のチェック・リスト

大項目	中項目	小項目
1. 経営の分析	経営理念の設定、改定、共有化	現在の経営・事業環境との適合性、社内での理解・浸透度、グループとしての共有度
	経営戦略・経営計画の策定能力	ポジショニングにおける独自性の高さ、将来目指す方向性の明快さ
	業界の成長性と自社の成長性	成長力のある事業の取り込み、自社の成長性
	事業の構造・特性	事業ポートフォリオの状況、事業間シナジーの状況、能力構築上の共通点
	企業認知度	コーポレートブランド、企業イメージ
2. 財務の分析	成長性	過去5年程度の売上高の変化(成長率)、経常利益(成長率)
	収益性・効率性	過去5年程度の売上高利益率(経常)、ROA、ROE、固定資産回転月数等
	安全性	自己資本比率、固定長期適合率、流動比率等
	生産性	一人当たり付加価値額、損益分岐点
	利益構造	売上原価、販売管理費、人件費
	キャッシュフロー状況	営業CF、投資CF、財務CF
	投資動向	領域別投資動向(設備、研究開発、M&A、チャネル)、投資水準の妥当性・充足度
3. マネジメント分析	グループ・ガバナンス体制	監督機能の充実度、グループ経営執行と事業執行の独立性、事業に対する牽制機能
	組織・機能実態	組織ミッションの明確さ・妥当性、事業構造との適合性、本社機能の充実度、資源活用の効率性、意思決定の迅速さ
	PDCAサイクル	階層構造の妥当性(時間軸、組織軸)、管理サイクルの適時性、予実績管理の実行性
	管理・モニタリング指標	アクションとの整合性、責任業績としての妥当性、経営意思決定との適合性
	権限・責任体制	統制・コントロール水準の妥当性、自律的活動展開力、基準の明確さ・納得性
4. 事業分析 (セグメント別・市場別など)	事業業績	過去3〜5年程度の売上・利益の実績、目標達成度、改善度
	業界ポジション	シェア、バリュー・チェーン上のポジション、製品・機能のスコープ・優位性
	競争優位性	現状、将来に向けた強化の可能性
	戦略の優位性	差異性、模倣困難性
	製品・市場のポートフォリオ	製品・市場構成のバランス、売上・粗利のパレート、新製品・新規顧客の構成
	資源充足度	資金ニーズ、人的資源ニーズ
	リスク要因	環境の不確実性、リスク要因の影響度
5. マーケティング分析	既存顧客の深耕状況	囲い込みの状況、リピートの状況
	新規顧客の獲得状況	新規顧客比率、新規顧客開拓に関する施策の状況
	プロモーション戦略の状況	コストパフォーマンスの妥当性、施策の有効性
	価格推移の状況	過去の実績売価、予定売価との差異、将来の価格動向
	既存チャネルの状況	既存チャネルの有効性・効率性、新規チャネル開拓の状況
	ブランド力の変化	ブランド認知度、ブランド・イメージ、顧客のロイヤリティ(loyalty)
6. 技術・開発分析	保有技術の水準・競争力	個別技術の優位性、技術の領域
	開発power	インフラ設備、要員数、能力・スキル水準
	市場ニーズとの適合度	市場情報へのアクセス、マーケティング部門との連携、顧客受容度との整合性
	開発プロセス	開発の効率性、リードタイムの状況
	開発マネジメント	開発戦略(ゴール、ロードマップ)の明確さ、インセンティブ
7. 生産・ロジスティクス分析	設備の状況	能力、拠点・配置・ネットワーク、稼働状況、老朽化度
	生産方法・技術	独自・固有技術、生産技術開発力、グローバル展開力
	納期、コスト、品質水準	過去のトレンド、競争優位性
8. 人的資源の分析	必要とする人材の充足度	量的な充足度、質的な充足度、事業・組織・機能・地域・要件別充足度
	現有能力と能力開発	現状における充実度、将来の人材ニーズに対する充足可能性
	評価制度	納得性・合目的性・妥当性、組織運営における他制度との整合性
	社員のモチベーション	現状の水準、影響要因の存在
	組織文化・風土	維持すべき要素、改革すべき要素
9. 情報力の分析	情報活用基盤	情報収集の充実度、分析・活用可能な情報の充実度、活用スキル
	ITインフラ	システム・インフラの充実度、活用状況、企画・開発能力

5.3 その他の環境分析関連手法

(1) 3C分析

3C分析とは、自社（Company）、競合（Competitor）、顧客（Customer）という事業に関わる三つの重要な環境要因を分析することにより、事業で成功するための戦略要件を導出する分析手法である（図表5-7）。3C分析における自社はSWOT分析における内部環境に、競合と顧客は外部環境に相当すると考えることができる。

自社について分析する項目としては、財務戦略、マーケティング戦略、人事・組織戦略等が挙げられる。競合に関する分析では、競合が市場の変化に対してどのような業績結果を収めているのか、それをもたらしている資源は何かについて注目する。顧客に関する分析では、市場や顧客のニーズの変化に注目する。

図表5-7　3C分析のフレーム

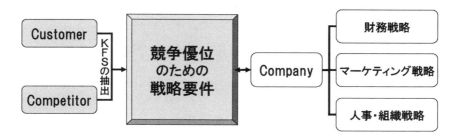

(2) PEST分析

事業に関するマクロな環境分析のためのフレームとしてPEST分析がある。PESTは、政治（Politics）、経済（Economy）、社会（Society）、技術（Technology）の頭文字であり、これらの変化動向を把握・予測することが事業のマクロ環境分析である。

(3) グリッド分析

「長期的な業界の魅力度」の高低と、「競争ポジション（事業における強み）

の強弱」の二つの軸により、事業のポートフォリオの評価を行なうための分析視点（図表5－8）。新規事業テーマのスクリーニングにも適用が可能である。

　業界の魅力度視点としては、市場規模と成長率、競争度合い、マクロ環境の影響、参入・撤退障壁、必要な技術と資本、機会や脅威の出現等が挙げられる。SWOT分析の外部環境分析と共通する要素が多い。

　競争ポジション視点としては、相対的なシェア、コスト・ポジション、技術力、競合他社を上回る製品・サービス、経営能力、コア・コンピタンス等が挙げられる。SWOT分析の内部環境分析と共通する要素が多い。

図表5－8　グリッド分析

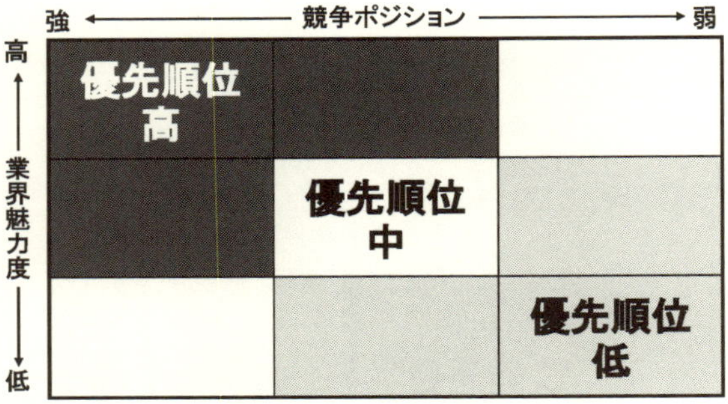

（4）STP分析

　STP分析は、セグメンテーション（Segmentation）、ターゲティング（Targeting）、ポジショニング（Positioning）の略で、事業におけるマーケティング戦略の基本的な方向性を決定するためのアプローチを示す方法論である。セグメンテーションとは、市場を細分化することを指す。市場を細分化することにより、顧客の固有のニーズをよりきめ細かく規定することが可能となる。細分化のための視点として、地域、人口動態、購買行動特性、顧客の価値基準等が考えられる。

　ターゲティングとは、自社が提供する製品・サービスがどの市場セグメントを指向するのかを決定することである。自社の強みが活かせる市場セグメントを定義することが基本的な考え方となる。

ポジショニングとは、自社製品・サービスの強みや独自性を抽出することで、競合他社にない「独自」の地位を確立することである。強みや独自性が明確で差異化されているほど、強固な地位を確立できる。

(5) VSPRO分析

これまでの分析手法が主として事業の設計を目的にしていたのに対して、アーサー・D・リトル社の開発によるVSPROモデルは、マネジメント・システム改革に取り組む際に有効な分析手法であるとともに、企業の成功要因を抽出する際にも活用することができる。VSPROモデルではマネジメントの構成要素であるVision（ビジョン）、Strategy（戦略）、Process（プロセス）、Resource（リソース）、Organization（組織）を分析対象とする。

VSPRO分析の基本的な視点は、自社が掲げているビジョンの内容についての妥当性を検証することからはじめ、ビジョンの実現と戦略との整合性、戦略の実現とそのためのプロセスとの整合性、戦略・プロセス遂行のためのリソースの充足度、戦略を遂行する組織と組織の構成員である従業員の戦略理解度や経営による動機づけの妥当性を評価する。

(6) 7S分析

マッキンゼー社が提唱した企業の戦略と組織の運営に関する適合性を評価するための分析フレームである。7Sとは、図表5-9に示す7つの要素を指す。

図表5-9　7S分析

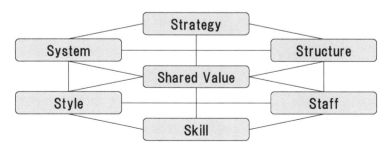

（出所：マッキンゼー＆カンパニー社の資料を基に作成）

①戦略（Strategy）：優位性を保つ強み、資源投入の優先順位、事業の方向性。
②組織構造（Structure）：組織形態（事業部別組織、機能別組織）、部門間の地位。
③システム（System）：評価・報酬・採用・育成の仕組み、会計制度、意思決定。
④価値観（Shared Value）：従業員が共通認識している価値観。
⑤スキル（Skill）：組織全体に備わっている技術。
⑥人材（Staff）：個々の人材の能力。
⑦スタイル（Style）：会社の社風、組織文化。

これら7つのSのうち、戦略・組織構造・システムをハードの3S、価値観・スキル・人材・スタイルをソフトの4Sと呼ぶ。ハードの3Sは計画的な取り組みにより相対的に短期間に変革することができるが、ソフトの4Sは計画的な取り組みが困難であり相対的に長期間の対応が必要とされる。

戦略転換を行なう際に、これまでハードの3Sの変革に対する意識は比較的高かったが、7Sにまで注意が向けられることは少なかった。戦略転換が成功するか否かは、実はソフトの4Sが整合的に変革されるか否かにかかっている。近年は、ソフトの4Sを意識的に変革しようとする取り組みも増えている。

分析手法は、ここに挙げたものに限られないが、これらの分析手法の本質を理解すれば、戦略策定のための分析作業の勘所のようなものは修得できるのではないかと思われる。実際の分析作業を行なうに当たっては、何を目的にどのような視点から何を分析すればよいかということを考え、最も適切と思われる方法論を適用する姿勢が求められる。

第6章

競争戦略

　第6章では、戦略論における中心的なテーマの一つである「競争戦略」の基本的な考え方について整理する。競争戦略では、ポーターによる「競争の戦略」が有名であり、戦略論といえばポーターの競争戦略を思い浮かべる人も多い。

　企業が展開する事業は、それぞれの業界で厳しい競争を繰り広げており、その競争に勝ち残るための優位性を構築しなくてはならない。競合他社よりもいかにして優位な立場を確保し、より多くの市場シェアを奪い利益を上げるかということが、経営における大きな関心事となることは、企業経営における必然である。

6.1　ポーターの競争戦略の考え方とその基本フレーム

　ポーターの競争戦略は、産業組織論的な見地（SCP モデル：Structure - Conduct - Performance Model）から、実証的な産業分析アプローチをベースに、市場や業界固有の構造に着目してその業界における企業の戦略ポジショニングの取り方を重視する考え方である。SCP モデルとは、業界構造（Structure）が企業の行動（Conduct）を決定し、それが事業業績（Performance）を決定するという考え方であり、事業の収益性は参入する業界分野の中でどのようなポジションを占めるかによって決定すると考える。

　ポジショニング・スクールを代表する戦略理論であり、デザイン・スクールの基本アプローチとプランニング・スクールの戦略策定プロセスを採用する。業界の競争条件を分析することにより、その業界から期待できる収益を想定することができるので、もっとも利益を上げることができる分野に進出するという最適な戦略が合理的に策定できると考える。

ポーターの競争戦略論を構成する基本的なフレームには、図表6-1に示す三つの中核的な手法が知られている。第一の手法は、有効な戦略の基本であるポジショニングを選択するための5フォース視点に基づく競争分析である。第二の手法は、自社の競争優位構築の大きな方向性を決定づける三つの基本戦略の考え方である。第三の手法は、顧客価値を創造するためのバリュー・チェーンの設計・構築に関する手法である。これらはいずれも広く普及した手法であり、事業戦略を策定する上での中心的な取り組み内容である。以下、それぞれの手法の概要を説明する。

図表6-1　ポーターによる競争戦略のフレーム

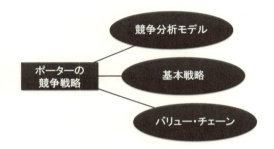

6.2　5フォース視点に基づく競争分析

　企業は事業を営むうえで外部から5つの圧力（フォース）を受け、5つの競争要因が複雑に絡み合って業界の競争の激しさを決定づけるが、それらのうちの一番強い要因が収益率を大きく左右する。業界の中心的な構造を特徴づけるのが競争要因であり、競争戦略策定の前提条件となる。競争に影響を与える事業を取り巻く5つの環境要因を抽出し、それらを分析するのが5フォース分析という競争分析手法である。
　業界内の競争圧力の源泉がわかることで自社の強み・弱みが明確になり、業界の競争要因から身を守ったり業界の競争要因を自社の有利なように動かせる位置取りをみつけたりする等、業界内での望ましいポジショニングがわかるようになる。経営資源投入のプライオリティや、新規参入・撤退を判断

する際にも有効な手法である。

　5フォース分析が優れるのは、単に直接的な競合環境について分析するのみならず、潜在的な脅威についても注目することにより、事業の競争力に影響を与える全ての競争要因を考慮したポジショニングが検討できる点にある。競争を規定する5つの力を図表6－2に示す。

図表6－2　競争分析（5Forces分析）モデル

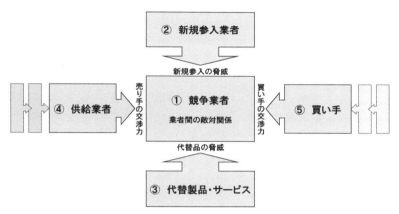

（出所：ポーターの「競争の戦略」を基に作成）

①競争業者間の競争関係の強さ：参入企業の数、市場規模、製品・技術の進化スピード、投資水準、収益構造等。
②新規参入の脅威：市場の魅力度に対する参入障壁の高さを左右する要因としての規模の経済性、ブランド力、流通・調達環境の開放性、製品の技術難易度（特許等による保護）、政府規制、既存企業からの報復可能性等。事業の競争環境変化により、参入障壁を築く要素が、逆に環境変化への適応を阻害する要因にもなり得る。
③代替品の脅威：代替品出現の可能性、代替品・代替技術の優位性、類似機能製品のコスト、スイッチング・コスト等。
④売り手の交渉力：売り手の稀少性・独自性、市場占有度、企業規模、需給バランス、自社事業にとっての購買対象品の重要度・依存度等。
⑤買い手の交渉力：買い手の市場占有度、購買ボリューム、企業規模、情

報力、需給バランス、スイッチング・コスト、顧客にとっての仕入れ対象商品の重要度・依存度等。

　競争分析において、ライバル企業との敵対関係の状況を知ることは基本であるが、それだけでは十分とはいえない。顕在化しているライバルとの敵対関係は、ある意味において定常的な状態にあるといえるので、しっかりとした対策を構築しやすい。しかし、潜在的な競争要因である新規参入や代替品による脅威が健在化した場合には、脅威の度合いが格段に高まることが多い。なぜならば、これら潜在的脅威が顕在化するのは、既存の業者間の競争状態よりも明らかに優位な要素を持ち合わせている場合にのみ、新規参入や代替が発生するからである。銀塩フィルム写真がデジタル写真にとって代わられた際には、デジタル写真という代替品の脅威と、デジタル技術に優位性を持つ家電メーカーの新規参入という二つの圧力が同時に加わり、業界の競争構造が一気に変わってしまったという事例がある。

　また、チャネルの川上・川下との力関係も常にウォッチしておく必要がある。できることであれば、直接の川上・川下プレイヤーとの力関係だけではなく、さらにその先に位置するプレイヤーの動向を把握しておくことも重要である。例えば、消費財メーカーから見れば直接川下に位置するプレイヤーは中間流通業者ということになるが、消費財のビジネスにおいてより大きな影響力を持つのは最終消費者を囲い込んでいる大規模な小売業者であり、大規模小売業者との力関係が競争力や収益性に大きな影響を与える。川上についても、同様のことがいえる。サプライヤーがそれまでになかった稀少性のある価値を実現することで、圧倒的な交渉力を持つようになることがある。

　第5章の戦略策定と環境分析でも述べたが、外部環境の分析に当たっては、ICTの支援を上手く利用することが肝心である。競争分析も、多様なソースから情報を入手することから始まり、入手情報の蓄積、蓄積情報の集約と分析、分析結果の伝達・共有といったプロセスを踏むので、外部環境分析で指摘したのと同じことがいえる。

　情報収集は、(1)公開情報の収集（プレスレリース・記事、特許、求人広告、業界団体調査等）もあれば、(2)自社の定常的な活動を通じた情報収集（セールスや購買活動、業界内外の交流会等）もあり、あるいは場合によっては(3)

特殊調査活動（アドホックなアンケートやインタビュー調査等）に依存することもある。公開情報や自社の定常的な活動を通じて得られた情報の分析は、定点観測による時系列的な分析の性格があるので、情報の入手段階におけるICTの活用により、情報収集プロセスの自働化・リアルタイム化・高解像度化を目指すことで、分析結果が質的に大きく向上することが期待できる。また、これらの情報は社内のいろいろなセクションに散在していることが多いので、ICTの活用によりこのような情報を共有・集約化できることによって得られるメリットも大きい。

　情報分析活動の効率化・低コスト化をもたらすICT活用は、経済的なメリットが比較的評価しやすいため導入のハードルが低いが、今後は情報分析活動の質的な向上をもたらす大規模データへの対応、定性的な情報への対応、分析プロセスの進化、ウォーニング情報の自動発信といったテーマへの取り組みも重要性が高まる。ICTの活用は、戦略策定における人間作業の置き換えという視点ではなく、むしろ人間固有の能力を発揮できる機会拡大の視点から捉えることが重要である。

6.3　基本戦略

　戦略の優位性の源泉と、標的とする市場の捉え方との組み合わせにより、三つの基本戦略パターンが存在する。競争環境の中で自社が採るべき戦略は、これら三つの基本戦略パターンのいずれかに収斂する。業界選択というポジショニングに加え、基本戦略パターンにおけるポジショニングを選択することが、競争戦略を実行するうえでの基本的な取り組みとなる。競争を展開する「場」としてのポジショニングと、競争を展開する「基本的な方針・方向性」としてのポジショニングを決定することが求められる。

　基本戦略は、競争優位の源泉として「低コスト」と「差異化」の二つのタイプの優位要因を認識し、さらに、ターゲットとする市場の範囲の広さの違いを認識することによって規定される。具体的には、図表6－3に示す「コスト・リーダーシップ戦略」、「差異化戦略」、「集中戦略（コスト集中と差異化集中が含まれる）」という三つのセルが、基本戦略レベルでのポジショニングとなる。

図表6-3 基本戦略のフレーム

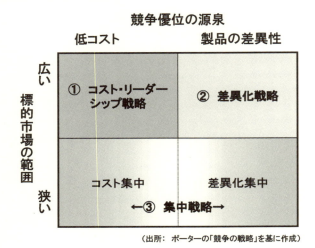

（出所：ポーターの「競争の戦略」を基に作成）

　ポーターは、基本戦略はその企業が事業で追求する競争優位要因を純化した最も根源的なものであるので、一つの事業で複数の基本戦略を採ることはあり得ないとしている。異なる基本戦略を追求するためには、まったく異なる組織能力を必要とするからである。

　コスト・リーダーシップ戦略を採用するのであれば、圧倒的なコスト優位を実現するために、汎用的な製品を求める顧客を対象にして業界シェア一位を目指す必要があり、それに向けた能力構築を展開する必要がある。また、差異化戦略を採用するのであれば、顧客の特殊な価値要件を満たす製品・サービスの提供を実現する必要があり、顧客ターゲットの選定からはじまり、商品の企画・開発、マーケティング、流通に至るまでの多くのプロセスにおいて、コスト・リーダーシップ戦略とは異なる組織能力を持つことが必要となる。

　ポーターは、「日本企業には戦略がない」と指摘している。それは、一見個別の顧客ニーズ対応をきめ細かく展開している事業のように見えるものの、そのきめ細かさは顧客が価値を認める差異性には結びついていないため、最終的には価格勝負の事業に陥っているケースが多いからである。ポーターの

「コスト・ダウンは戦略ではない」という考え方には異論もたくさんあるが、やはり戦略経営を実現するためには差異化もコスト・リーダーシップも同時に追求しようとする総花的な対応は有効でないという認識を持つべきである。

　基本戦略は、どれか一つに特化することが求められるが、採用した基本戦略が常に有効であり続けるとは限らない。環境の変化により、基本戦略のポジショニングを変更せざるを得ない状況が訪れることもある。とはいえ、基本戦略におけるポジショニングを変更することは、組織が持つ本質的な能力を変更しなければならないことにつながるので、状況を深く検討したうえでの対応が求められる。

　次に、それぞれの基本戦略の概要について解説する。

（1）コスト・リーダーシップ戦略

　業界における最低コストの実現で競合と価格競争をしても黒字を維持できる体制を構築し、市場における価格決定権を持つことによる優位性を確立する。一般的に、業界リーダーが採るべき戦略ポジションであるといわれている。売上高利益率は低くなる傾向にあるが、シェア一位のポジション取りが大原則となる。単にコスト削減に努めるだけでは戦略とは言えず、コスト・リーダーになるための能力構築が必要とされる。具体的な対応策として以下のような取り組みが挙げられる。

①量産メリットの追求：経験の蓄積（単位当たり生産コストあるいは単位あたり生産時間は、累積生産量が増えるに従って減少するという図表6－4に示す習熟曲線）、規模の経済性、バイイング・パワーの発揮、世界標準の獲得等。

②VA/VE効果の発揮：製品設計の改革（使用する材料・部品の変更、機能の絞込み、性能・品質の適正化、製品揃えにおける標準化・プラットフォーム化）等。

③バリュー・チェーン最適化：オペレーショナル・エクセレンスの追求、アウトソーシング化、グローバル最適調達・生産、流通コスト・マージンの圧縮等。

図表6-4　習熟曲線

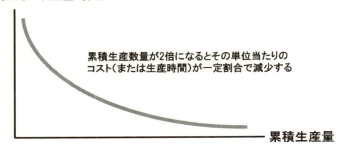

（出所：ボストン・コンサルティング・グループ）

　コスト・リーダーシップ戦略は、(1)環境変化により低コスト品の供給継続が不能になる、(2)技術革新による画期的な新製品や代替製品・代替製造方法が出現する、(3)資金力に優れる新規参入業者による最新設備を用いた低コストの実現、(4)コスト・パフォーマンスの相対的劣化、(5)価格コンシャスなユーザーの縮小等の状況に対して脆弱性がある。

(2) 差異化戦略
　価格ではなく特異性のある価値や競合他社よりも高い付加価値を提供し、顧客ロイヤリティを高めることによる優位性を確立し、高いマージンを取る戦略。一般的には、売上高利益率は高い傾向にあるが、常に他社に先駆けた価値が提供でき、それに対する追随を許さない仕組みの構築が求められる（容易に追随可能な差異化では、市場はすぐにコスト競争に陥る）。差異化要素として、製品・サービスの品質・性能・デザインのよさ、ブランド力、販売チャネルにおける差異化、アフター・サービスによる差異化等がある。
　差異化は、あくまでも顧客が認知・受容する価値領域において実現する必要がある。供給側の論理だけで差異性を追求しても、市場では受け入れられないことが往々にしてある。メーカーでは、技術的な優位性があれば何でも差異化できるといった誤った考え方がよくみられる。顧客が受容しない差異

性を追求しても、コストが嵩むのみならず、結局は価格勝負のビジネスとなってしまうので、事業採算の悪化は避けられない。

差異化戦略は、(1)他社の模倣による差異化要素の消失、(2)他社のより優れた差異化価値提供、(3)顧客の要求高度化により従来の差異性が競争優位とならなくなる、(4)差異化商品の価格上昇によるコスト・パフォーマンスの劣化、(5)差異化指向ユーザーのコスト指向への転換等の状況に対して脆弱性がある。

（3）集中戦略

業界トップの企業は、スケール・メリット／スコープ・メリットを活かし、フルライン戦略を採用することが一般的であるが、業界シェア下位の企業がリーダー企業に対抗するためには経営資源を集中し、業界の上位企業が目を向けないような狭いターゲット市場（ニッチ市場）での優位性構築に注力する必要がある。市場・顧客層、商品、地域の細分化（セグメンテーション）方法が鍵となる。

集中戦略は、(1)対象とするセグメントと全体市場とのニーズ差がなくなり経営資源の集中に意味がなくなる、(2)自社の対象セグメントの中に競合がさらに小さなセグメントを見つけて集中戦略を進めてくる等の状況の出現に対して脆弱性がある。

6.4　バリュー・チェーン

事業が顧客に提供する価値を生み出すための諸活動を構成する機能の連鎖をバリュー・チェーン（価値連鎖）という。基本戦略が決定されたならば、その基本戦略を実現するためのバリュー・チェーンを設計する必要がある。バリュー・チェーンの設計は、事業戦略策定の肝であり、バリュー・チェーンの適切な設計こそが有効な事業戦略の実現につながる。

バリュー・チェーンは、個々の独立した活動の集合体ではなく、相互に依存した活動システムであり、主活動と支援活動に大別される。バリュー・チェーンをどのように構築するかによって、事業が生み出すマージン（利益）が決定される。図表6－5にバリュー・チェーンの概念図を示す。

図表6-5　バリュー・チェーン

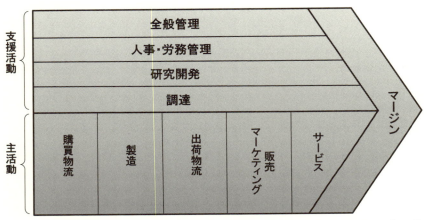

（出所： ポーターの「競争優位の戦略」を基に作成）

　実際のバリュー・チェーンを構成する機能は、図表6-5に示される概念図よりもさらに細分化した定義づけが必要である。しかし、機能をあまりにも細分化しすぎた記述にすると、戦略的な視点から包括的に事業モデルを捉えることが困難になる。事業におけるバリュー・チェーンの構成要素を定義するための機能領域区分を決定するためのアプローチでは、次のような考え方を適用することが望ましい。

- 経済法則が異なる活動
- 分離して認識することで事業の差異化に大きく影響を与える活動
- 将来にわたりコスト構造に占める割合が大きな活動

　製造業において、バリュー・チェーンを構成する一般的な機能要素の例を図表6-6に示す。

図表6−6　製造業におけるバリュー・チェーンの構成要素例

　図表6−6は製造業のバリュー・チェーンの構成要素について見たが、業界が異なると事業の特性も異なるので、バリュー・チェーンの基本的なパターンも業界によってそれぞれ異なる。図表6−7に業界別の代表的なバリュー・チェーンの例を示す。これらはあくまでも、代表的なパターンを示したものであり、同じ業界に属する企業であっても、事業展開のあり方が異なればバリュー・チェーンのパターンも異なったものになる。むしろ、戦略的な経営が実現できていれば、差異性の高いバリュー・チェーンが構築されている可能性が高い。

図表6-7　業界別バリュー・チェーンのパターン

【製造業】

企画 ＞ 設計 ＞ 設備形成 ＞ 原材料調達 ＞ 生産 ＞ 流通 ＞ 販売 ＞ 保守

【建設業】

企画 ＞ 設計 ＞ 見積 ＞ 受注契約 ＞ 資機材調達 ＞ 施工 ＞ 引渡精算 ＞ 保守

【サービス業】

企画 ＞ サービス開発 ＞ チャネル開発 ＞ 販売 ＞ 役務提供 ＞ アフター・サービス

【金融業】

企画 ＞ 店舗展開 ＞ 商品開発 ＞ 資金調達 ＞ 資金運用 ＞ 販売

　原材料の段階から最終顧客で価値が消費される段階までのそれぞれのプロセスにおいて付加価値を生む機能の連鎖であるバリュー・チェーンは、事業モデルを設計することによって規定される。従って、事業モデルの固有性が高いほど、バリュー・チェーンも先鋭化されたものとなり、競争戦略上の優位性を構築できる可能性が高くなる。

　事業モデルは、図表6-8に示すプロセスによって設計される。ここに示したプロセスは一方向的・不可逆的に進むものではなく、試行錯誤的にそれぞれの要素の確定度を高めながら進行するものである。

①顧客セグメントの認識と優位性を発揮できる事業がターゲットとすべき顧客セグメントの選択。

②ターゲットとする顧客セグメントが抱いている本質的な価値ニーズの見極め。

③顧客に訴求する価値を実現するための機能構造の設計と優位性を実現するうえでのコアとなる機能の特定。

④事業に必要な諸機能が実際に滞りなく活動できるための業務プロセスの設計。

図表6−8　事業モデルのバリュー・チェーン展開

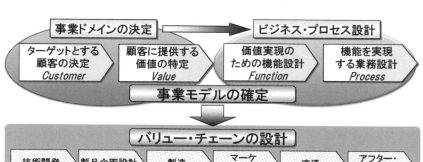

　バリュー・チェーンの設計では、顧客価値の実現に直結する活動要素を強化し、そこでの競争優位を確立することが不可欠である。バリュー・チェーン個々の活動は競争優位の大事な要素であるが、競争優位は個々の独立した活動要素の優位性だけではなく、それらが最適に調整された連鎖として実現するのが一般的である。従って、バリュー・チェーン構造を設計するに当たっては、連結関係の視点からバリュー・チェーンを捉える必要がある。

　バリュー・チェーンは、相互に依存した活動として全体システムを実現するものであるため、個別機能による優位性だけではなく、バリュー・チェーンの連結関係（合わせ技）を活用した優位性構築が重要になってくる。バリュー・チェーンの連結関係をより高度なものにするためには、活動間の「連結関係の最適化」視点と「調整能力強化」視点とがある。

- 連結関係最適化の例：製品設計と品質管理機能を強化することによるサービス・コストの削減。
- 調整能力強化の例：ジャスト・イン・タイムのデリバリーを実現するための生産・出荷物流・サービス機能間の調整能力。

図表6－9にバリュー・チェーン全体構造の最適化に関するイメージを示す。ただし、機能間の連結の因果関係を認識して、意図的に構築することは容易ではないことを認識する必要がある。創発的に完成した優位要因であるため、外から見てもなかなか強みの源泉がわからないことが多いのは、このことが一因となっている。

図表6－9　バリュー・チェーン構造全体の最適化

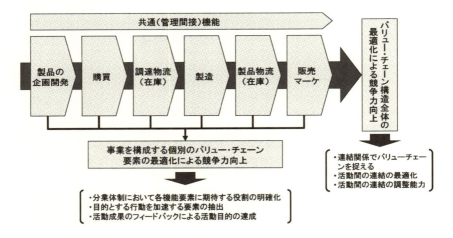

　個々のバリュー・チェーン機能およびバリュー・チェーンの構造は、事業環境の変化に対応して変革しなければならない。バリュー・チェーン構造を変革するに当たっては、自社のバリュー・チェーンの範囲だけではなく、他社が提供する外部のバリュー・チェーンとの関係も合わせて検討する必要がある。バリュー・チェーン構造を再構築するための基本的な取り組み視点としては、図表6－10に示すものがある。

- コア・コンピタンス領域、高付加価値領域のバリュー・チェーン機能に特化し、ノンコアや低付加価値領域のバリュー・チェーンを外部化する。外部化したことにより余裕が出た資源を活用して新たなバリュー・チェーンを構築する。
- 自社の強みが発揮できるバリュー・チェーン領域を水平展開することで、

該当するバリュー・チェーン領域のスケール・メリット等がもたらす優位性を確立する。
- 川上や川下に存在する高付加価値機能を統合することによるスコープ・メリットを追求するとともに、バリュー・チェーンの内部化による連結関係の強化を実現する。

図表6−10　バリュー・チェーン構造改革

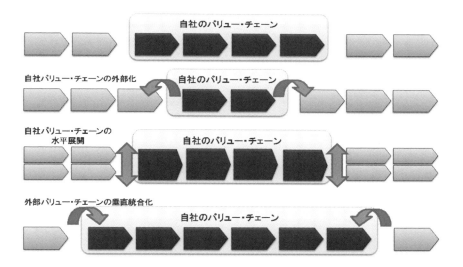

第7章

事業のライフサイクルと事業構造管理

　製品・事業にはライフサイクルがあるので、常に事業構造の新陳代謝である事業構造改革を行なう必要がある。事業構造改革を怠ると、事業のライフサイクルが終焉するとともに企業自身も消滅する危機にさらされてしまう。

　事業構造改革は、衰退する事業から成長ポテンシャルの高い新規の事業にシフトすることであり、事業構造改革を適切に行なうことが事業構造管理である。事業構造管理では、新規事業による多角化を進めるために、事業のライフサイクル上のポジションによって資源要求が異なることに着目し、「成熟〜衰退期」にある事業から「導入〜成長期」にある事業に経営資源を再配分する。

　事業構造を適切に管理し、望ましい構造改革を達成するための有効な手法として、ボストン・コンサルティング・グループが開発した製品ポートフォリオ・マネジメント（PPM）の考え方を紹介する。

7.1　事業のライフサイクルと多角化

　企業はそれぞれ固有の事業構造を持っている。誕生間もない企業であれば単一の事業領域しか持たないこともある。しかし、事業にはライフサイクルというものが必ず存在するので、企業は創業時の単一事業領域にのみ依存して永続することはできない。企業にはゴーイング・コンサーン（将来にわたって半永久的に事業を継続することを前提とする考え方）という条件を満たすことが求められているが、そのためには新規事業を取り込み複数の事業領域を持つ多角化した事業構造に発展せざるを得ない。企業というのは、極めて特殊な条件下にある場合を除き、新規の事業領域を取り込みながら多角化していく存在である。

事業のライフサイクルの概念を図表7－1に示す。事業は誕生した当初の「導入期」、それに続く「成長期（成長前期、成長後期）」、やがて成長が止まってしまう「成熟期」、さらに最後に迎える「衰退期」というライフサイクル・ステージを経てその一生を終える。事業の種類や特性等によって、ライフサイクルの形状（サイクル全体の長短、各ステージにおける成長速度、到達市場規模等）はそれぞれ異なるが、「ライフサイクルがない」という事業は存在しないことを理解しておく必要がある。ただし、企業の対応によっては、成熟期を迎えた事業の遺産を活用しつつそれに対して何か抜本的な変更を加えることによって新たなライフサイクルが創出されることもある。このような場合には、事業は衰退期を迎えることなく新たなライフサイクル・ステージを迎え継続的に成長していくことができる。

図表7－1　事業のライフサイクル

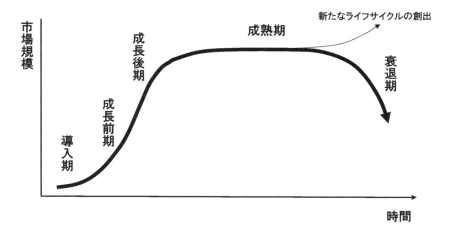

ライフサイクル上のステージが異なれば、市場や競合に関する環境も当然異なってくる。従って、事業戦略の策定においては、ライフサイクル上のステージを正しく見極め、それぞれのステージに適した戦略施策を選択する必要がある。各ライフサイクル・ステージにおける事業戦略の基本的な要件については、企業の事業構造を構成する他の事業との関係において判断する必要があるが、その考えかたについては「7．3　事業構造改革のための資源

再配分」の項で触れることとする。事業構造改革は資源の再配分が基本的な対応策となるので、事業構造改革の考え方のベースとなるライフサイクル・ステージと資源要求の関係について次に見ることにする。

7.2 ライフサイクル・ステージと資源要求

どのような事業であれ、ライフサイクルの宿命から逃れることはできない。最初に、それぞれのライフサイクル・ステージにおける事業の状況について整理する。以下の整理を要約したのが図表7-2である。

①導入期：事業が誕生してはじめて市場を形成するようになった段階を指す。市場の認知度が低いので、当然市場規模は小さくまた成長率も最初は低いのが一般的である。しかし、技術・商品・チャネル開発等に対する先行的な投資が嵩むのもこのステージである。新しく事業を立ち上げるこのステージでは、事業から得られる収入が限られているにもかかわらず、大量に経営資源を投入することが求められるので、資金不足の状態にあるのが一般的である。

②成長前期：市場における事業認知度がある水準にまで達すると、売上数量が急激に伸びるようになる。このステージでは、成長率は高まるものの、事業規模自体はまだそれほど大きくない状態にある。初期開発は一段落しても、増産、製品ラインナップの拡充、チャネル拡大、販促等、成長のための大量の資源投入が引き続き必要となる。また、このステージになるとライバル企業も出現し、その対策も求められるようになる。必要な資源投入に対して、事業規模が相対的にまだ小さい状況にあることが多く、成長前期は資金不足の状態が続くことも珍しくない。

③成長後期：事業の認知度がさらに高まり、高い成長が維持される。高い成長が持続することによって、このステージでは事業規模もかなり大きなものとなっている。ただし、成長前期とは異なり、このステージに達するとすでにかなりの事業資産の蓄積ができていることが多く、追加的な資源投入の必要性は低くなるのが一般的である。従って、成長後期に至ると、これまでの資金不足の状態から資金余剰の状態へと転換する。

逆に、成長後期にもかかわらず資金不足状態が続いているような事業では問題である。

④成熟期：市場が永遠に拡大するということはあり得ない。ある時期必ず飽和状態に達し、事業の成長は止まってしまう。成長期に有効な参入障壁が構築できていない限り、規模が拡大しない市場における激しいシェア争いが展開されるようになる。このステージにおける事業規模は、ライフサイクル内で最大になる。このステージでは、もはや追加的な資源投入はあまり必要とされなくなるので、高い水準で資金余剰が発生していることが理想である。ただし、資金余剰が発生する採算性の高い事業であるか否かは、事業の競争力に大きく依存する。このステージでの事業の採算性は、成長期のステージで業界内のリーダー的ポジションを確保できるか否かに大きく依存する。

⑤衰退期：最終的には、事業はその使命を終え、規模が縮小する衰退期のステージを迎える。シュリンクする市場に対して新たな資源投入により事業環境を改善できる余地はほとんどないので、資金需要は少なくなる。売上高は減少するが、資金需要も少ないので、資金余剰の状態が続くことが期待される。また、このステージでは、他のライバル企業が先に事業から撤退してしまい、残存者利益を享受できる可能性もある。業界内における事業のポジショニングと企業全体の体力との兼ね合いで撤退時期が決定するので、やはり早いステージで業界内の主導的ポジションを確立しておくことが有利である。

図表7-2　各ライフサイクル・ステージおける事業の状況

ステージ	成長性	規模	資源要求	資金状況
導入期	低成長から徐々に高まる	非常に小さい	開発的先行投資のために大量に必要	極端に不足
成長前期	高成長	相対的にはまだ小さい	成長基盤整備のため大量に必要	資金的に自立できる状態には至っていない
成長後期	高成長から徐々に鈍化	相対的に大きくなる	事業資産の蓄積により以前ほど多くは必要としなくなる	資金的に自立可能
成熟期	非成長	最大レベルに達する	投資効率低下に伴い追加の資源投入を極力控える	資金余剰が発生する状態に転換する
衰退期	マイナス成長が徐々に拡大	小さくなる	成果が期待できる資源投入分野が見いだせない	資金余剰が最大限発生する状況を維持する

7.3　事業構造改革のための資源再配分

　事業にはライルサイクルがあることから、複数の事業を手掛ける多角化企業になり、常に事業の新陳代謝を進められる状況を作り出すことが戦略経営における主要な取り組みテーマの一つである。企業がその事業構造を改革するためには、適宜新規の事業領域を発掘して衰退する事業領域を置き換えていく必要がある。その意味において、事業構造改革では新規事業の立ち上げというのが大事な意味を持っている。

　しかし、前節で見てきたように、新規事業の導入期では自立的な対応による成長は困難である。全ての事業に過度な自立性を求めてしまうと、将来成長するポテンシャルを持つ新規事業であっても、その初期の導入ステージで必要な資源が投入できずに消滅してしまう危険性がある。筋の悪い新規事業領域にいつまでもしがみつくことは避けなければならないが、ポテンシャルのある新規事業の成功確率を高めるためには、初期の資金不足を他の事業の資金余剰で賄う必要がある。

　具体的な対応としては、資金余剰が発生する事業から資金不足が発生している事業に資源の再配分を行なうことである。ライルサイクルの観点からは、資金不足が発生するのは導入期から成長前期までのステージの事業で、逆に資金余剰が発生する可能性が高いのは成熟期から衰退期のステージにある事業である。このような資金の過不足に関する一般法則を利用すると、図表7－3に示すように、ライフサイクル・ステージにおける資金需要の違いに注目して、異なるライフサイクル・ステージにある事業の位相の差を上手く組み合わせることで、ライフサイクル後期にあり資金余剰が発生している事業からライフサイクルの前期にある資金不足を起こしている事業に資金を再配分することが可能となる。

　事業構造改革を成功させるためには、事業のライフサイクル・ステージによる資金需要に対する違いを利用した円滑な資金の再配分を実現することが最も大きなポイントの一つとなる。事業構造の管理では、異なるライフサイクル・ステージにある事業をバランスよく持つことを目指すものである。

図表7-3　ライフサイクルの差を利用した資金の再配分

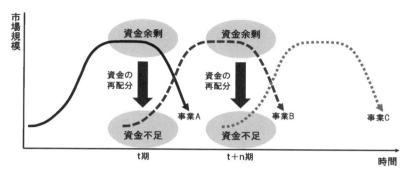

① t期において事業Aは成熟期〜衰退期のステージにあるので、収益性は高く資金余剰が発生している。しかし、事業Aは追加の投資を行なっても収益拡大は見込めないので、自らが生み出す資金余剰を活用する余地が少ない。
② 一方、同じt期における事業Bは導入期〜成長期のステージにあり、今後成長するためには投資を続けることが不可欠である。しかし、事業Bでは資金不足が発生しているので、自立的に自らの収益で必要な投資を賄うことはできない。
③ 事業Aの余剰資金を事業Bに再配分することで事業Bの資金需要を補填するのが事業構造改革を成功させるうえでの合理的な対応である。
④ t+n期においては、同様の資金再配分を、事業Bと事業Cの間で行なう。
⑤ 事業構造のバランスが良い企業は、上記の資源再配分を繰り返すことで永続することができる。

7.4　事業ポートフォリオ・マトリックスによる事業構造改革

　前節でみてきた事業構造改革を実現するための有効なツールとして、プロダクト・ポートフォリオ・マネジメント（Product Portfolio Management; PPM）が有名である。PPMは、縦軸が事業の成長性を、横軸が事業の相対

シェア（あるいは利益）を表すポートフォリオ図を用いることで、事業構造改革に必要な資源配分のあり方を導出するものである。具体的には、図表7－4に示す事業ポートフォリオ・マトリックス上にそれぞれの事業をプロットし、以下に示すマトリックス上のそれぞれのセルのポジション別の対応方針に沿った戦略展開を行なうものである。

図表7－4　事業ポートフォリオ・マトリックス

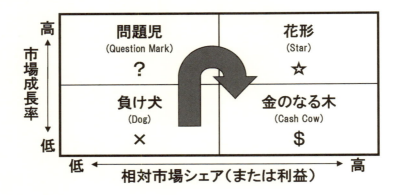

① 事業ポートフォリオ・マトリックスの縦軸は市場の成長率で、事業のライフサイクル・ステージ上のポジションを表す。
② 事業ポートフォリオ・マトリックスの横軸は事業の相対シェアを表す。
・相対シェアの高低によって累積生産量が左右される。
・また累積生産量によって習熟曲線上ポジションが決定される。
・従って、相対シェアは事業の採算性を表すと考えられる（このため、横軸には利益指標を利用することも多い）。
（注）相対シェア：ある比較対象と自社のポジションの比率で示したシェア。比較対象としては、上位3社の売上高や、業界リーダーのシェアといった指標が用いられる。
③ 事業ポートフォリオ・マトリックスでは次の4つのセルが認識される。
・負け犬（Dog）：成長率・相対市場シェアがともに低い
・問題児（Question Mark）：成長率は高いが相対市場シェアは低い
・花形（Star）：成長率・相対市場シェアがともに高い

・金のなる木（Cash Cow）：成長率は低いが相対市場シェアは高い

　全ての事業が「花形」のポジションにあるとよいように錯覚されがちであるが、事業ポートフォリオ・マトリックスにおいては事業がバランスよく配置されている状態が望ましい。「花形」や「金のなる木」に位置づけられる事業ばかりでは、将来の成長を担う事業が存在せず事業構造転換が進められなくなる。従って、短期的には高いパフォーマンスが実現できたとしても、中長期的にはじり貧傾向に陥ってしまう。逆に、「金のなる木」に相当する事業がまったくない場合には、将来の「花形」事業に成長できる可能性のある芽が存在していても、その事業に対する十分な資金投入ができなくなる。

　事業ポートフォリオ・マトリックスの各セルによって、採用すべき戦略の基本的な方向性は異なる。図表7－5に示す各セルのポジション別の対応方針に従った戦略展開を行なうことが原則的な考え方となる。

図表7－5　事業ポートフォリオ・マトリックスのポジション別対応方針

ポジション	対応方針
負け犬	**撤退戦略/育成戦略：** 成長期に高シェアのポジショニングを獲ることに失敗したまま衰退期を迎えた場合には可及的速やかに撤退する。導入期の事業がこのポジションにある場合には育成を試みることも必要。
問題児	**拡大戦略/撤退戦略：** 資金を投入することでシェアを獲得し高成長を遂げる可能性を持つので、資金を集中投下してシェアを拡大し、早期に「花形」事業に進化することを目指す。それが困難な場合には、「負け犬」にならないうちの撤退判断が求められる。
花形	**拡大戦略/維持戦略：** 得られる収益は大きい一方で、多額な投資も必要とするため、多くのキャッシュ・フローは期待できない。ここに位置する場合、現在のシェアを維持しながら、成長のための投資を行ない、将来の「金のなる木」に育てる。
金のなる木	**収穫戦略：** すでに成長期は過ぎ、自らに対する再投資の必要性は低い。このポジションにある事業は、投資は最小限に抑えてキャッシュを回収し、他の事業を「花形」事業に育てるための資金源とする。事業のミッションは採算性を最大限高めること。

　事業のライフサイクル・ステージ上の進行に伴い、事業ポートフォリオ・マトリックスのセルを、⑴負け犬／問題児　→　⑵花形　→　⑶金のなる木、と移行できる事業展開を目指す。縦軸の市場成長率は企業がコントロールできる余地は少ないが、横軸の相対市場シェア（あるいは利益）は企業自らの意

志でポジションを決定することが可能である。従って、事業構造管理で大事なのは、負け犬／問題児のポジションにあるライフサイクルの前期ステージの事業に関して、いかにしてライフサイクルの成長期が終わる前に相対市場シェアを高め、花形事業のポジションを獲得するかである。

　実際の事業構造改革は、図表7－6に示すような現在と将来の事業ポートフォリオ・マトリックスを描くことで進める。将来の事業ポートフォリオ・マトリックスは、中期経営計画期間に対応して、通常では3年程度先のポートフォリオ像を想定することが多い。

図表7－6　事業ポートフォリオ・マトリックスを用いた事業構造改革

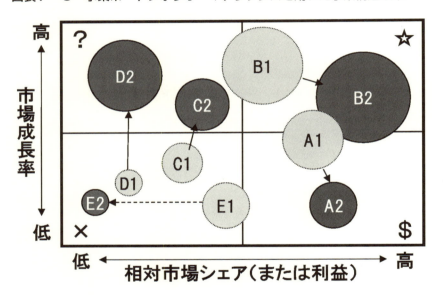

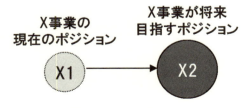

次に事業構造改革の一般的なステップを示す。

①現在の事業ポートフォリオ構造を認識する。

②それに対して将来目指すべき事業ポートフォリオ構造を想定する。

③将来目指すべき事業ポートフォリオ構造を実現するための資源配分のあり方を決定する。

④それぞれの事業では、全体の資源配分計画に沿って、目指すべきポジションを実現するための事業戦略を策定する。

7.5　事業ポートフォリオ管理の限界

事業ポートフォリオ・マトリックを活用した事業構造管理の原則的な考え方を紹介したが、実際の戦略策定の場面では以下に示すように、必ずしも理論通りの対応が実現できるとは限らない。

①各事業のポートフォリオ・マトリックス上のポジションは、長期的にはライフサイクルに沿って移動するが、短・中期では必ずしも理論通りのポジショニングは実現しない。各種の環境変化要因を考慮した総合的かつ現実的な判断が必要とされる。

②市場成長率やシェアに関するデータが入手可能であるという前提で成り立つ手法であるが、新興市場、ニッチ市場、自社固有の事業の場合には情報が得られないことも多い。

③たとえ市場関係のデータが入手可能であったとしても、ドラスティックな環境変化や不確実性に対する脆弱性を持つ。

④事業構造改革が目指すべき姿を描くためには有効であるが、それを実現するための個別の戦略施策のあり方について示唆を与えるものではない。

⑤成熟事業から成長事業への資源再配分は理論的には正しい考え方であるが、自分たちの事業が成熟～衰退期にある場合には、稼いだ利益が他の事業の成長投資に充てられるのは心情的に受け入れられがたく、当該組織のモチベーション低下を招く危険がある。

⑥近年自立的な組織運営が志向されるケースが多いが、そのような組織運営を実施している企業では、自律分権組織の範囲内でポートフォリオ管

理を実施することが求められ、抜本的な事業構造改革につながる資源再配分は行なわれにくくなっている。

　事業ポートフォリオ・マトリックス手法にはデメリットや制約要因があることは否定できない。しかし、これらの負の側面を認めた上でも、事業ポートフォリオ・マトリックスの考え方は企業の事業構造を適正に維持するためのとても有効なアプローチであることには間違いはない。企業がゴーイング・コンサーンとして成長を遂げるためには、これらの限界を認識したうえで、事業ポートフォリオの考え方を採り入れた事業構造改革に取り組むことが大事である。

第8章

規範的な戦略論の限界を越える新展開

　第5章から第7章にかけて、いわゆる規範的といわれる戦略論について見てきた。戦略理論を実践に移す場である企業において戦略的な取り組みを展開するに当たっては、これらの規範的な戦略論に基づく経営行動が広く採用されている。従って、戦略に関する理論を経営の場に反映させることを考えると、規範的な戦略論の議論を避けて通ることはできない。

　しかし、他の多くの領域における経営理論と同様、規範的な戦略論も万能ではなく、規範的な戦略論さえ理解していれば戦略経営が実践できるというものではない。第8章では規範的戦略論が持つ限界を確認したうえで、それを乗り越えるために構築された戦略に関する多様な理論を俯瞰する。これらを知ることにより、状況適合的かつ相反的な要素を持つこれらの戦略論を重層的あるいは相補的に活用できるようになることを期待する。

8.1　規範的な戦略論の限界

　規範的な戦略論は、現在と将来のギャップを分析することで採用すべき戦略が見えてくるという考え方に立脚しており、その一般的な策定アプローチは次のようなステップを採る。

①現状を正確に認識するとともに、将来想定される状況を可能な限り精度よく予測する。
②予測された状況と現状との重要なギャップを抽出し、ギャップの課題要因を分析する。
③課題領域に対してどのような施策を打つとどのような効果が想定されるのかを評価する。

多くの経営理論がそうであるように、戦略に関する諸理論も状況適合的であるという特性を持つ。規範的な戦略論は、その策定アプローチからもわかるように、「静的な環境下」における戦略計画の策定という経営ニーズに対して適合的である。これまでの議論の確認の意味も含めて、規範的な戦略論の特徴を図表8－1に整理する。

図表8－1　規範的な戦略論の特徴

環境分析が戦略策定の原点に位置付けられている。
- 現在の環境をどう認識するか。
- 将来の環境変化をどう予測するか。
- 重要な環境変化要因を認識することが戦略計画策定の第一歩。

戦略は環境変化へ適応することが原則的な考え方。
- 現在実現している内部－外部環境の分析・評価。
- 将来想定される内部－外部環境の予測・評価。
- 成り行き予測に対する戦略対応によるポジショニングの改善。

環境分析結果の精緻さが戦略の有効性を決定付ける。
- 環境分析に精力をつぎ込む。
- 戦略の共有化以前に環境認識の共有化が必要。
- 環境認識差異に対する調整プロセスが必要。

規範的といわれる戦略論は分析的なアプローチを採用することを基本としており、市場環境や競合状況の予測可能性を前提とした理論的枠組みを持つので、予測可能性の前提が崩れてしまうと、戦略そのものの有効性が低下する。従って、規範的な戦略論は「静的ではない環境下」、即ち「動的な環境下」における戦略経営の実践に対しては適合的ではない。図表8－2に環境分析を起点とする規範的な戦略が持つ問題を整理する。

また、規範的な戦略策定における分析アプローチでは、自社の行動が環境に与える影響が考慮されていないという問題がある。自社の存在は分析対象となる環境の系の外に置かれるので、一般的には予測結果に自社の行動が与える影響は織り込まれない。しかし、現実の世界では、自社が持つ環境への

影響力が強ければ強いほど自社が採る行動が環境へ与える影響を加味する必要が生じる。自社の行動が環境に何らかの影響を与えることは不可避であるため、自社の行動選択とは切り離された客観性のもとでの環境分析はあまり意味がない。さらに、最近の経営理論では、企業は環境変化に対して受動的に対処するのではなく、能動的に働きかけることが必要であるという考え方にシフトしている。

図表8-2　規範的な戦略論の問題点

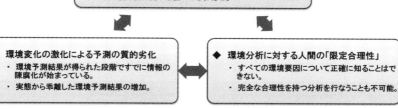

規範的な戦略論では、ポーターの競争戦略が重要な位置を占めるが、ポーターの競争戦略論に対する批判もある（図表8-3）。批判の一つは、業界分析に基づく最適なポジショニング選択という考え方に対してである。業界分析アプローチに対しては、環境予測可能性の問題以外にも、業界内での最適ポジショニングが存在するという考え方自体に対する批判もある。既存の業界構造を前提にした最適ポジショニングというのは、スタティックな環境を是とするものであるので、環境の不確実性が高い状況で高度な戦略対応を仕掛けようとするのであれば、既存の業界構造に固執するのではなく、むしろそれを破壊して新しいビジネスのスキームを構築すべきであるという考え方である。

もう一つの批判として、ポーターのポジショニング戦略論では、企業の内的な要件である「能力」という要素が欠落していることが挙げられている。最適な業界内ポジションというものが存在し、それを見つけ出すことができたとしても、そのポジショニングで効果的な事業を遂行するのに必要な能力がなければ、ポジショニング戦略は画餅で終わってしまう。戦略は業界ポジショニング以外のもっと広い視点から捉える必要があるという考え方である。

図表8−3 ポーターの競争戦略に対する批判

◆**業界分析を基本とすることによる限界：**

- 業界概念自体が稀薄
- 化しているビジネス領域が多い。
- 既存の業界構造を破壊すること自体が戦略的対応であることが増えている。
- まったく新規の事業モデルに対しては適用困難。
- ダイナミックな環境変化対応には限界がある。
  →ある一時点における戦略決定の枠組みでしかない。

戦略の捉え方が狭い：

- ポジショニングを重要視するあまり、競争優位を実現する「組織能力要件」に対する関心が低い。
- 効率化を実現する組織的能力だけでは戦略とは考えられていない。
  →「日本企業は戦略がない」との批判につながる。
- 競争優位に基づく発想から、学習優位や協創戦略への転換が必要。

8.2 ダイナミックな戦略論

経営が留意しなければならない環境要因には、技術動向、市場動向、競争構造等、さまざまなものがある。環境変化がそれほど激しくない時代には、将来はかなりの程度の確実性を持って予測することが可能であった。規範的な戦略論は、環境分析により将来の予測が可能である場合には、とても有効な方法論を提供するものである。

しかし現在は、企業を取り巻く環境の複雑性が高まり、かつその変化スピードも増しているので、全体として経営環境の不確実性が高まっているこ

とは間違いない。環境の不確実性が高まることは、環境分析における将来予測結果の精度が低下せざるを得ないことを意味する。そのため、不確実性が高い環境下では規範的な戦略論は有効性が低下する。静的な性格を持つ規範的な戦略論が持つ脆弱性を克服するために、それらに代わるよりダイナミックな環境変化に対応できる進化した戦略論が必要とされるようになってきた（図表８－４）。以下、代表的なダイナミック戦略論に関する考え方を紹介する。

図表８－４　不確実性の増大に伴うダイナミックな戦略論の必要性

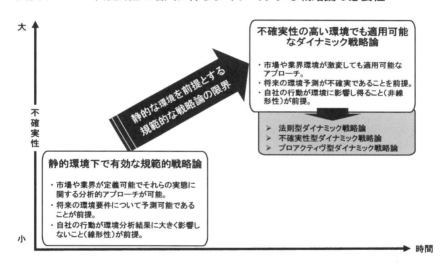

(1) 法則型ダイナミック戦略論

　規範的戦略論では「スタティックで構造的に安定的」とみなされていた各種の環境要因を、法則型ダイナミック戦略論では「変数として動的に捉え」、構造的な変化を戦略形成に取り入れる考え方である。ポーター理論において固定的に扱われていた「産業構造」を動的なものと見る、事業ポートフォリオ管理において予測可能であるとみなされてきた産業構造変化を予測困難であると位置づける等の特徴がある。

　スタティックな戦略理論は変動的な変数の一部を安定的とみなすダイナミックな戦略論の特殊解であるとして位置づけ、ダイナミックな戦略理論は

特殊解であるスタティックな理論の一般化・普遍化であると考える。法則型ダイナミック戦略論はポーター理論の拡張として位置づけることも可能である。環境変化と他の要因との因果関係に着目して、構造的要因を変数としてみなすが、その変化の方向性が見えないと有効ではない。

　法則型ダイナミック戦略論として、ダヴニ理論がある。ダヴニ理論では、ハイパー・コンペティション環境下では従来の競争優位性は妥当ではなく、ダイナミックな戦略インタラクション視点が不可欠であると考える。現状維持ではなく現状の破壊による優位性獲得が成功の要素となるので、既存のパワーバランスを破壊し、市場に不均衡をもたらすダイナミズムによる優位性の構築を目指す。優位性を構築するための方法として、次のような視点が挙げられている。

- ●優れたステークホルダー（顧客）満足
- ●戦略的予言
- ●スピードと驚きへのポジショニング
- ●競争ルールの変更
- ●戦略的意図のシグナリング
- ●同時かつ連続的な戦略攻撃

　基本概念は「二つのエスカレーション」で、最初は一つの競争舞台（エスカレーション・ラダー）内での競争がエスカレートし、その舞台での競争が飽和状態に達すると、上位の競争舞台での競争へとエスカレートする。四つの競争舞台を図表8－5に示す。

図表8-5　四つのエスカレーション・ラダー

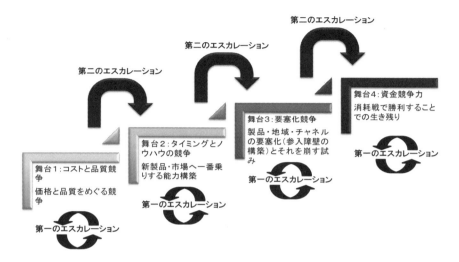

　エスカレーション・ラダーの考え方は、現実の世界で起きている競争の状況をよく表す汎用性の高い理論である。競争の不確実性は考慮の対象としているが、需要の不確実性やイノベーションによる新分野開拓等のより高い不確実性は考慮されていない。

（2）不確実性型ダイナミック戦略論

　不確実性型ダイナミック戦略論の考え方では、環境変化の方向性を把握することで法則を導き出すこと（不確実な環境変化と戦略の結果の因果関係の解明）は断念している。環境変化に直接対処することを意図した理論ではなく、環境変化がもたらす不確実性のレベルを扱うことで対処する。不確実性について確率理論に依存する理論（金融ポートフォリオ理論、リアル・オプション理論等）と、依存しない理論とに大別される。

　不確実性型ダイナミック戦略論の一つとして、不確実性のレベルに合わせた環境分析手法を使い分けて戦略を策定するマッキンゼー不確実性戦略論が知られている。図表8-6に同社戦略論における不確実性のイメージを示す。

図表8-6　不確実性のイメージ

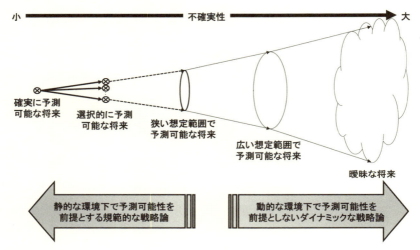

（出所：マッキンゼー＆カンパニーの資料を基に作成）

- 確実な将来：標準的な戦略手法（マーケット・リサーチ、競争分析、価値連鎖分析等）を基に、戦略代替案の有効性を判断することが有効。
- 代替的将来：代替的（離散的）なシナリオを作成し、ディシジョン・アナリシス、オプション評価、ゲーム理論等の手法を用い、それぞれの価値と確率を評価する。
- 範囲としての将来：生じうる結果の全域をカバーするに足る代替的なシナリオを作成するが、期待値は計算できないので、大きな引き金となるイベント等に注目して代替案の評価を行なう。
- 真に曖昧な将来：類似市場のアナロジー、システマチックな思考で将来を予測する。

もう一つの不確実性型ダイナミック戦略論として、ウォートン・ダイナミック競争戦略論が知られている。ウォートン・ダイナミック競争戦略論では、不確実性の中身を体系的に論ずるのではなく、さまざまな不確実性に対して使用可能な手法を、四つの戦略策定サブ・プロセスに即して使い分ける

という考え方を採る（図表8-7）。

図表8-7 ウォートン・ダイナミック競争戦略論

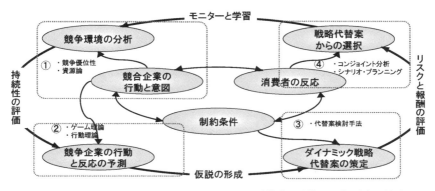

出所：Day et al., Wharton on Dynamic Competitive Strategy

①変化しつつある競争環境における優位性の理解：ポーターの競争優位の戦略、資源論（RBV）アプローチ、等
②競争企業の行動予測：ゲームの理論、行動理論、共進化理論等
③代替案の策定：ダイナミック戦略の代替案の定式化
④代替案の中からの選択：シミュレーション（コンジョイント分析）、シナリオ・プランニング等

　アイゼンハート＝サルによるシンプル・ルール戦略という不確実性型ダイナミック戦略論もある。需要不確実な「ファースト・ムービング・マーケット」では、機会が最も多く戦略的に重要なプロセスにおいて少数のユニークで単純なルールを適用し、機会を捉え続けるという考え方である。競争優位性獲得のチャンスが大きい手段が戦略的プロセスとなる。ルールの妥当性、数、徹底されること、改廃のタイミングが重要な要素となる。形式的・抽象的で、ファースト・ムービングの中身や企業の組織能力については触れていない。シンプル・ルールの五つのカテゴリーを以下に示す。
　①ハウツー・ルール（遂行方法）：キーとなるプロセスについて、それがユニークになる遂行の仕方を決める。

②バウンダリー・ルール（意思決定の境界条件）：多くの機会の中から素早く選択することを容易にする。
③プライオリティ・ルール（優先的資源配分の指標）：競合するいくつかの機会に資源を配分する際の基準の提供。
④タイミング・ルール（実行に関する時間的成約）：生まれつつある機会や会社の他部署に経営者を同期させる。
⑤退出ルール：古くなった機会から経営者が退出する判断を支援する。

（3）プロアクティブ型ダイナミック戦略論

プロアクティブ型ダイナミック戦略論は、環境変化に積極的に働きかけ、それを自社にとって望ましいものに作り変えるという基本的な考え方を採用する。

情報・通信等のタービュラントな環境における競争優位の源泉のあり方を示したチャクラバシ理論がある。複雑適応系的思考がベースにあり、戦略の再構築によりイノベーションによる一番乗りを連続的に達成する（イノベーション・リーダーの継続）ことを目指す。次に示す視点が重視される。

- ●ネットワーク効果（ユーザーの囲い込み）の管理。
- ●流れに乗ること（逆に、ロックインしかかっている市場への参入は回避する）。
- ●トップとミドルによる戦略形成責任のシェア（ミドル・アップの起業家精神によるイノベーション）。
- ●事業のコンテクストに対する理解。
- ●既存の能力を梃子に諸資源を「レバレッジ」し「強化」し「多様化」することで将来の組織能力を育てる。

プロアクティブ型ダイナミック戦略論には、ビジネス・コンセプト・イノベーションを重視したハメル理論もある。富を生み出す新戦略、ラディカルで非線形なイノベーションを実現するために、以下の四つの要素においてイノベーションを起こすことに力点を置く。

- コア戦略：ビジネス・ミッション（価値命題・戦略意図）、製品・市場スコープ（競争の場）、差別化の基本要因（競合と如何に異なるか）。
- 戦略的資源：コア・コンピタンス、ブランド・特許・顧客データ、コア・プロセス等企業特殊的な資源を劇的に変える。
- 顧客インターフェース：顧客とのインタラクションをいかに形成するか。
- バリュー・ネットワーク：外部資源のネットワーク。

　半導体・情報サービス・ソフトウエア等のハイテク産業におけるグローバル競争では、ダイナミック・ケイパビリティ・アプローチ（修正 Resource Based View) の視点が重要であるとの認識が持たれている。

　急速な技術革新・イノベーションに基づく価格・パフォーマンスをめぐる既存コンピタンスの創造的破壊により、収穫逓増の実現を目指す理論として、ダイナミック・ケイパビリティ・アプローチがある。タイム・ツー・マーケットが重要な優位性要因であり、稀少な資源のコントロール（経営資源の異質性と固着性）が利益の源泉となる。企業内外のコンピタンスを効果的に調整・転換して新しいケイパビリティやスキルを獲得できる能力（＝ダイナミック・ケイパビリティ）が重要であり、そのためには企業内外の組織的スキル、資源、職能的コンピタンス等を適切に利用・統合・再構築するための戦略的マネジメントが必要とされる。ダイナミック・ケイパビリティを有効に引き出すための条件として、コミットメントと戦略的柔軟性（オプション）が挙げられる。

　以上をまとめたものが図表8－8である。

図表8-8　プロアクティブ型ダイナミック戦略論の整理

戦略論	概要
チャクラバシ理論	**継続的イノベーションの実現** ・ネットワーク効果（ユーザーの囲い込み）の管理 ・流れに乗ること（ロックイン市場への参入回避） ・トップとミドルによる戦略形成（ミドル・アップの起業家精神によるイノベーション） ・事業のコンテクストに対する理解 ・既存の能力を梃子に諸資源を「レバレッジ」、「強化」、「多様化」して将来の組織能力を育てる
ハメル理論	**ビジネス・コンセプト・イノベーションの重視** ・コア戦略：ビジネス・ミッション（価値命題・戦略意図）、製品・市場スコープ（競争の場）、差別化の基本要因 ・戦略的資源（コア・コンピタンス、ブランド・特許・顧客データ、コア・プロセス）：企業にとって組織特殊的な資源 ・顧客インターフェース：顧客とのインタラクション形成 ・バリュー・ネットワーク：外部資源のネットワーク
ダイナミック・ケイパビリティ・アプローチ	**既存コンピタンスの創造的破壊** ・稀少な資源のコントロール（経営資源の異質性と固着性）が利益の源泉 ・企業内外のコンピタンスを効果的に調整・転換して新しいケイパビリティやスキルを獲得できる能力（＝ダイナミック・ケイパビリティ） ・企業内外の組織的スキルを適切に利用・統合・再構築する戦略的マネジメント ・コミットメントと戦略的柔軟性（オプション）

8.3　経営資源に着目した戦略論

　1980年代になると、それまでの戦略論を駆使した事業経営を実践しても、企業業績や企業価値に結びつかなくなった。大企業における巨大戦略本社やコンサルタントがさまざまな手法を駆使した戦略計画を策定したにもかかわらず、個別事業レベルの競争では小回りの利くライバル企業に劣後するようになった。また、持続的な改善活動に地道に取り組んできた日本企業の業績のほうが戦略理論に忠実な米国企業を上回るようになった。日本企業には戦略がないと言われていたが、競争戦略理論に基づく差異化を追求しても、戦略理論の普及により差異化が実現できないという「戦略のコモディティー化」が起きたからである。

　それまでの戦略プランニングのアプローチやポジショニングに代わり、経営

戦略の主要関心事は経営資源や組織にシフトした。企業経営の内部に目を向けた一連の新しい戦略アプローチが次々に誕生した。

- エクセレント・カンパニー（ピーターズとウォーターマンによる IBM、GE、ウォルマート等、超優良企業に共通するケイパビリティの抽出）
- タイムベース戦略
- ビジネスプロセス・リエンジニアリング
- ベンチマーキング、ベスト・プラクティス
- コア・コンピタンス
- 学習する組織、等

　そのような状況の中、ポーターのポジショニングを重視する競争戦略論とは全く異なる視点から、企業の競争力の源泉は「資源」であると考えるバーニーによるリソース・ベースド・ビュー（RBV; Resource Based View）が登場した。
　RBV では、ダイナミックな競争環境において、自社資源が業績にどのように影響するのかを、経営資源の価値を左右する要因に着目して分析する。企業の経営資源という内部環境の分析と、産業や競争環境という外部環境の分析との二つの視点を組み合わせたものである。ポーターの「産業構造分析に基づくポジショニング」による戦略論と「コア・コンピタンスやケイパビリティ」といった内部蓄積能力に競争優位の源泉を求める戦略論との融合であり、SWOT 分析のフレームワークを用いてシステマチックに評価できる方法論を提供する手法として捉えることができる。
　図表8－9に示すように、資源の価値は、⑴稀少性、⑵占有可能性（帰属性）、⑶顧客デマンド充足性（需要）の三つの要因がダイナミックに絡み合うことで、決定するものである。

図表8-9　資源の価値を決定する三つの基本的要因

(Collis and Montgomery, "Competing on Resources: Strategy in the1990s)

　企業は、「経営（生産）資源の集合体」であり、それぞれにとって「固有で他社とは異なる有形・無形の資産とケイパビリティがある」と考えるのがRBVの基本的な前提である。経営資源には次に示す特徴がある。

- 全ての資産・能力(ケイパビリティ)・コンピタンス・組織内プロセス・企業特性・情報・ナレッジ等、資源は企業のコントロール下にあって戦略を構想したり実行したりすることを可能にする。
- 異質性：企業は異なる経験を経て異なる資産や能力を蓄積しているので、個別企業ごとに経営資源は異なる。その経営資源を保有する企業が限られているので、似たような企業は二つとして存在しない。
- 固着性：経営資源にはその複製コストが大きい、あるいはその供給が非弾力的なものがある。複製が非常に困難な経営資源は、供給が非弾力的である。
- 競争優位の潜在的源泉：ある経営資源を保有することにより外部に存在する機会を活用できたり脅威を無力化できたりする。
- 資源には3種類の形態がある
  - ・有形なもの（立地等）
  - ・無形のもの（ブランドやロイヤルティ等）

・ケイパビリティ（サプライチェーン、組織構造等）
　●資源は４種類の資本として分類される。
　　　・財務資本：資本・債権・内部留保等の金銭的資源
　　　・物的資本：技術・工場設備・立地等
　　　・人的資本：従業員の能力(経験・知識・洞察力)、教育プログラム
　　　・組織資本：組織・計画・管理・調整メカニズム・組織文化等

　経営資源の優位性は、バリュー・チェーンにおけるある特定の活動における強みとして発揮されることもあれば、複数の機能の連携による強みとして発揮されることもある。バリュー・チェーンの構造や各ステージにおける経営資源やケイパビリティは企業間で異なるので、バリュー・チェーン分析により自社の優位要因を形成する経営資源やケイパビリティを特定しておく必要がある。

　バリュー・チェーン分析は、バリュー・チェーンを構成する各ステージの財務資本・物的資本・人的資本・組織資本を認識することから始める。事業における競争優位の源泉となる経営資源やケイパビリティを、バリュー・チェーン単位の非常に細かいミクロ・レベルの領域で把握することで、企業の競争優位要因の本質に迫ることが可能となり、競争上のポジションをより正確に理解することができるようになる。

　バリュー・チェーン分析では、図表８－１０に示す「VRIO（Value、Rarity、Inimitability、Organization）フレームワーク」を用いることが有効である。

図表8－10　VRIOフレームワーク

資源の着目視点	資源に関する問いの内容
経済価値 （Value） に関する問い	● 保有する資源が、外部の機会を捉えることができる、あるいは脅威を無力化することができる可能性。 ● 経営資源の持つ価値が、時間経過に伴う環境の変化によって変質していないか。
稀少性 （Rarity） に関する問い	● 特定の価値ある経営資源を、どれ位多くの企業が保有しているのか。 ● 競争優位の源泉にはならない稀少性のない経営資源やケイパビリティであっても、それを持たないことがもたらす脅威はないのか。
模倣困難性 （Inimitability） に関する問い	● ある経営資源やケイパビリティを保有しない企業が、それを獲得する上において持つコスト上の不利。 ● 模倣困難性が低く、持続的な競争優位構築には寄与しない経営資源ではないのか。
組織 （Organization） に関する問い	● 経営資源が有効に機能・活用できるためのマネジメント体系が設計されているか ● 指揮命令系統、マネジメント・コントロール体系、インセンティブ・システム等の組織的な要因が、自社が保有する経営資源やケイパビリティがその戦略的ポテンシャルをフルに発揮できているか。

　バリュー・チェーンを構成する各機能について VRIO 視点を適用して分析することで、競争優位の源泉となる資源が見えてくる。自社のポジションを定期的に確認することにより、自社の競争優位を維持するために資源投入すべき領域が特定できる。自社のポジショニングが確認できることで、資源の価値を高める（質×量）領域を特定することができ、優位にある資源の強化、劣位にある資源の補強といった見極めが可能となる。

　ただし、価値ある資源は特定の部門レベルで投資できるものではなく、全社レベルで管理する必要があることが多い。シナジーが働く多角化を実現し、自社資源をフルに活用できる事業構造を持つことで、企業価値を高めることが可能となる。

　図表8－11に VRIO 視点からバリュー・チェーン分析を行なうためのフレームを示す。

第8章 規範的な戦略論の限界を越える新展開 103

図表8-11　VRIO視点からのバリュー・チェーン分析

	技術開発	製品デザイン	製造	マーケティング	流通	アフターサービス
経済価値						
稀少性						
模倣困難性						
組織						
競争優位性						

- 技術開発
  - 源泉
  - 洗練化
  - 特許
  - 製品/プロセスの選択
- 製品デザイン
  - 機能
  - 物理的特性
  - デザイン
  - 品質
- 製造
  - 統合
  - 原材料
  - 生産能力
  - 立地
  - 調達
  - 部品製造
  - 組立
- マーケティング
  - 価格
  - 広告/宣伝
    統合
  - 販売力
  - パッケージ
  - ブランド
- 流通
  - 流通チャネル
  - 統合
  - 在庫
  - 完成品保管
  - 輸送
- アフターサービス
  - 保証
  - スピード
  - 専属/独立
  - 価格

　競合の模倣だけでは競争均衡しか実現できず、持続的な競争優位を追求するのであれば、価値があり稀少で模倣困難な経営資源を開発・蓄積することが必要であると資源論では考える。このことは、組織文化等の社会的に複雑な経営資源が持続的競争優位の源泉になる可能性が高いことを示唆している。企業が保有する経営資源をフルに活用してRBV視点からの優位性を構築するためには、それらを支援する組織構造、マネジメント・コントロール・システム、インセンティブ・システムといった総合的な対応が必要である。企業におけるRVBによる競争優位の獲得は全社員の責任事項であると言える。

8.4　学習アプローチの戦略論

　ポジショニングによる戦略論では説明のつかない日本の成功企業の出現によって、ポジショニングからケイパビリティへのシフトが起きたことは前節でも触れたが、企業が生き残り繁栄し続けるための経営理論として「組織学習」に焦点が当てられるようになった。複雑さや急速な変化に対応できる能力の開発、自分の未来を創造するための能力を継続的に高めることができる人たちの集団が注目されるようになった。それが学習する組織（＝ラーニング・オーガニゼーション）である。

　学習する組織とは、目的を効果的に達成するために、組織のメンバー及び

チームの能力と意識を伸ばし続ける組織のことである。ここでいう学習とは、目的を効果的に達成するために日常の仕事が効果的であるか、組織として共同で振り返ることで、個人と組織の能力・意識を高めることである。学習する組織では、組織の誤りが発見されてそれを修正するだけの「シングル・ループ学習」ではなく、組織の誤りがその基礎をなしている規範・方針・目的の修正を伴う「ダブル・ループ学習」が実践されるようになる。

　学習する組織は、変化の激しい経営環境において、「しなやかに進化し続ける（強い衝撃や急激な変化に対する高い回復力を持つ）」ことができ、新しい環境に適応して自らを変革させる能力を備えた「自己組織化する」ことができる組織である。学習する組織は、自己組織化の促進によって環境適応のための変革能力が高まるのみならず、弾力性向上のためのシステム多様性とガバナンス対応能力（組織内外のステークホルダー、自然資本や社会資本への対応）も高まる。さらに、多様な個性に基づく潜在能力の発揮と、より上位にある社会的使命を達成するという大きな意思とのつながりが強化されるという特徴を持つ。

　学習する組織には、(1)システム思考、(2)自己マスタリー、(3)メンタル・モデルの克服、(4)共有ビジョンの構築、(5)チーム学習の必要性に対する認識、という五つの構成要素（ディシプリン）がある。

（1）システム思考

　システムとは機能が異なる複数の要素が密接に関係しあうことで、全体としてより高度で多くの機能を発揮する集合体で、定義された目的を成し遂げるための相互に作用する要素（element）を組み合わせたものである。システムは部分の総和以上のものである（全体は部分の総和に勝る、要素に分解しただけでは全体は理解できない）という特性を持つ。

　システム思考は、ダイナミックな複雑さを理解し、長期的、俯瞰的、多様な視点から根源的かつ本質的な問題解決または未来創造を考える思考法式のことである。各種の事象のつながりや関係性に着目し、それらが時間経過を経てどのような変化のダイナミクスを生み出すかを理解することで、ものごとの本質を見出すことができる。事象の奥底に潜む変化や行動の「パターン」とそれを作り出す「構造」を可視化することで、構造を創り出す関係者

たちの無意識の「メンタル・モデル」に気づくことができる。

　短期での部分最適指向や手段の目的化を排し、自分たちが創り出そうとしているもの、本当に自分たちが求めるものに気づくことで、はじめて本質的な変化を創り出すことができる。共有ビジョンの策定も、協創的なコミュニケーションも、システム思考ができてはじめて効果的なものになるので、システム思考は学習する組織の中核として位置づけられる（システム思考は他の四つのディシプリンを統合するディシプリン）。

　組織や社会は非線形システムであり、「ティッピング・ポイント（閾値）」と「システムの抵抗」という二つの特性がある。ティッピング・ポイントとは、そこを超えるとそれまでにはなかったような急激な変化を起こすポイントのことである。システムの抵抗とは、意図した変化が押し戻されたり、打ち消されたり、あるいはもぐらたたきのように問題が噴出して、なかなか前に進めない状況のことである。非線形なシステムは、直感とは反する振る舞いをするので、そのような特性を認識した上で組織デザインに取り組む必要がある。

（2）自己マスタリー

　自己マスタリーとは、個人の視野を明瞭に保ち、高い志（個人のビジョン）を立てる力を持ち、人生において本当に肝心な事項を知ろうとする学習する組織に不可欠な精神的土台である。図表8－12に示すように、自分の実現したいビジョンのために、心から学習に取り組み能力を高めることをキャパシティ・ビルディングといい、キャパシティ・ビルディングが促進されるためには、2種類あるテンションのうちでもクリエイティブ・テンションが作用することが求められる。自己マスタリーのためには、クリエイティブ・テンションのマネジメントが大事である。

106

図表8−12　学習する組織のための自己マスタリー

- 自己マスタリー：高い志（個人のビジョン）を立てる力を持ち、人生において本当に肝心な事項を知ること。
  - ➤ ビジョン：人や組織の成長・変革の原動力、学習する組織の求心力。
  - ➤ 変革の原動力には、具体的ビジョンが必要。
  - ➤ チャレンジングなビジョンのほうが、変革の原動力となり得る可能性が高い。

- チャレンジングなビジョンを実現するためには、「キャパシティ・ビルディング（能力構築）」が必要。
  - ➤ チャレンジングなビジョンを実現するための能力ギャップを埋めるためには、ビジョンを短期の目標に分割し、それらを積み重ねることで達成するアプローチが有効。

- キャパシティ・ビルディングでは2種類の緊張感（テンション）が発生する。
  - ① クリエイティブ・テンション（創造的な緊張感）
    - ➤ ビジョンの力をうまく活用して緊張感を維持することで、極めて高い創造性が発揮される。
    - ➤ ビジョンにより方向づけられた、良質で適度な緊張感は自らの力を最大限発揮可能とする。
  - ② エモーショナル・テンション（感情的な緊張感）
    - ➤ 外部からの脅威に敏感に反応する心理的不安。
    - ➤ 上司や組織からの強いコントロールがその典型（ノルマの未達に対する懲罰的な制裁等）
    - ➤ クリエイティビティを大幅に損ね、不正等を招く。

- チャレンジングなビジョンを実現する学習する組織では、キャパシティ・ビルディングを促進するクリエイティブ・テンションのマネジメントが大事。

（3）メンタル・モデルの克服

　我々がどのように行動するかに影響する心に固定化されたイメージや概念がメンタル・モデルであり、意識されない暗黙のメンタル・モデルによって行動が制約されている。メンタル・モデルは日常の意思決定を効率化するというプラスの側面がある一方で、不適切な意思決定を知らず知らずのうちに継続的に下してしまうことにもつながる。学習する組織では、メンタル・モデルの概念を理解した上で、「組織的な学習」により自分たちのメンタル・モデルを見直すことが重要である。メンタル・モデルの見直しには、シングル・ループではなく、ダブル・ループの学習が求められる。図表8−13にメンタル・モデルの考え方を示す。

第8章　規範的な戦略論の限界を越える新展開　107

図表8-13　学習する組織のためのメンタル・モデルの克服

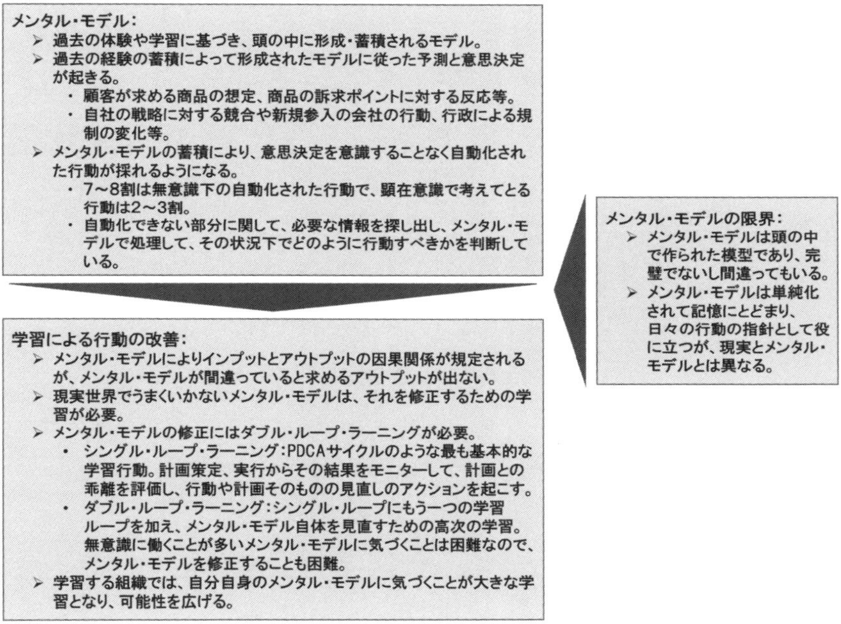

メンタル・モデル：
- 過去の体験や学習に基づき、頭の中に形成・蓄積されるモデル。
- 過去の経験の蓄積によって形成されたモデルに従った予測と意思決定が起きる。
  - 顧客が求める商品の想定、商品の訴求ポイントに対する反応等。
  - 自社の戦略に対する競合や新規参入の会社の行動、行政による規制の変化等。
- メンタル・モデルの蓄積により、意思決定を意識することなく自動化された行動が採れるようになる。
  - 7～8割は無意識下の自動化された行動で、顕在意識で考えてとる行動は2～3割。
  - 自動化できない部分に関して、必要な情報を探し出し、メンタル・モデルで処理して、その状況下でどのように行動すべきかを判断している。

メンタル・モデルの限界：
- メンタル・モデルは頭の中で作られた模型であり、完璧でないし間違ってもいる。
- メンタル・モデルは単純化されて記憶にとどまり、日々の行動の指針として役に立つが、現実とメンタル・モデルとは異なる。

学習による行動の改善：
- メンタル・モデルによりインプットとアウトプットの因果関係が規定されるが、メンタル・モデルが間違っていると求めるアウトプットが出ない。
- 現実世界でうまくいかないメンタル・モデルは、それを修正するための学習が必要。
- メンタル・モデルの修正にはダブル・ループ・ラーニングが必要。
  - シングル・ループ・ラーニング：PDCAサイクルのような最も基本的な学習行動。計画策定、実行からその結果をモニターして、計画との乖離を評価し、行動や計画そのものの見直しのアクションを起こす。
  - ダブル・ループ・ラーニング：シングル・ループにもう一つの学習ループを加え、メンタル・モデル自体を見直すための高次の学習。無意識に働くことが多いメンタル・モデルに気づくことは困難なので、メンタル・モデルを修正することも困難。
- 学習する組織では、自分自身のメンタル・モデルに気づくことが大きな学習となり、可能性を広げる。

（4）共有ビジョンの構築

　共有ビジョンとは、「自分達がどうありたいのか」に関して、組織のあらゆる人が共有する未来の姿のことである。学習する組織を開発する中核概念であり、共通のアイデンティティと使命感のもとに人々を結束させることで、個人の持つ力を超えた大きな力を発揮させる変革の原動力となる。ビジョン共有のプロセスが学習する組織をつくるうえでのもっとも重要なポイントで、今ない未来の姿をビジョンとして表現することで社員の心を動かし、社員の潜在的な力を行動として引き出すことができるようになる。

　ビジョンの優劣によって、学習する組織のキャパシティ・ビルディングの方向性と到達目標が決定されるので、社会にとっても、組織にとっても、個人にとっても有意義なビジョンが設定されることが重要である。ビジョンは、その構築プロセスやさまざまな組織内浸透プロセスを経ることによって共有

され、信じることができるものに昇華したものでなければならない。

図表8－14に学習する組織のための共有ビジョン構築が意味することを整理する。

図表8－14　学習する組織のための共有ビジョンの構築

ビジョンの要件	● 企業が社会の中でなぜ存在し、事業を行なうことの意味を明確化すること。 ● 単に、一番になるとか、売上の規模や利益の規模を競うような自分たちが「成功する」というビジョンでは、人々の潜在能力を引き出す効果は限定的。 ● 共有ビジョンは「自分達たちは何を創りだすのか、どうありたいのか、社会の中でどのような存在になっているのか」について、経営者と社員たちが一緒になって描く未来の情景。
ビジョンの例	● 石切職人：「私は、ここで永く人々の心に残り、語り継がれるような寺院を建てるために、その礎を築いている」（→「私は石を切っている　→私はここに寺院を建てる土台となる石を切っている） ● ヘンリー・フォード：「すべての人に自動車を」 ● 松下幸之助：電気製品が水道の水のように日本にいきわたる「水道哲学」 ● スティーブ・ジョブス：誰にでも使えるパーソナル・コンピューターで「人々の力を引き出す」
ビジョンの共有プロセス	● どんなにすばらしいビジョンも、組織内で共有されていなければ画に書いた餅。 ● 社員は、個人の理想を共有ビジョンに重ね合わせ、個人のビジョンに社会的な意義が加わる。 ● 仲間と思いを重ね社会に役立つ意味を考えることで、個人のコミットメントが引き出され、自らの力を最大限に高めることができるようになる。

（5）チーム学習

　組織にも記憶力（ラーニング・カーブ）が存在することがわかってきた。集団としての能力を高め、チームとしての知力が個々人の能力を上回ることで、個人では果たし得ない発見を実現し、集団としてのパフォーマンスを高めるのがチーム学習である。学習する組織では、個人ではなくチームが学習の基本単位であり、チームが学習することにより個人も大きく成長する。

　組織の学習では「誰が何を知っているのか（Who knows what）」という「トランザクティブ・メモリー（記憶の分業化）」が大事であり、知のインデックス化が真の情報・知識共有につながる。トランザクティブ・メモリーは、人それぞれが得意な専門領域に特化した学習を行ない、記憶の分業化により組織全体として大きな知識を持ち、活用可能とするものである。トランザクティブ・メモリーの獲得は外からの強制ではなく、個人の得意・不得意領域に応じて自然発生的に行なわれるのが有効である。従って、トランザク

ティブ・メモリーの高い企業であるための条件は、人々の深い交流があり、自然発生的な知識の獲得が許容され、知識を共有する文化があることである。

チーム学習の基本は対話にあるが、効果的な学習のための協創的な対話力を育てるための高度なコミュニケーション手法として、ダイアログがある（図表8－15）。

図表8－15　ダイアログとディスカッションの比較

ダイアログ	ディスカッション
● 自分自身のメンタル・モデルの振り返りを行なうことで、視野が広がり学習能力が向上する。 ● あえて結論を出さず、話し合っているメンバーが自らの思考を見つめ直す機会となるので、思考の質が高められる。 ● 他メンバーとの意見や視点の違いを確認できることで、思考の弱点が明らかになり、より望ましい思考へと進化する。 ● 質の高い思考が質の高い行動を生み、質の高い行動が質の高い結果につながる。 ● 自分たちにとって本当に大事なことについて本音で話し合える関係が構築でき、チーム・利害関係者との関係性が高められる。	● 定式化された問題解決に対する専門性の高い人間により進められる。 ● 問題解決の仮説が設定され、それぞれの成果を想定することで仮説の優劣を判断する。 ● 合理的、効率的に結論を導き出すことが重視される。 ● 議論のプロセスよりも効果的な結論に達することが重視される。 ● 決定権限を持つ人の責任において最終的な意思決定が行なわれる（合議制、多数決制を採ることもある）。 ● 利害関係者全員の納得が得られる結論に達するとは限らない。

ダイアログでは、立場とか肩書きを超えて、提案の動議から、賛成意見や反対意見、さらには一歩引いて観察した意見等、誰もが自由に意見を出すことで物事を多面的に見て全体像を理解することに努める。自分の意見が正しいと思い込んでいると視野が狭くなるので、自分自身のメンタル・モデルに固執せずにふり返りを行なうことで、視野が広がり学習能力が向上する。ダイアログの最も重要なポイントは、結論を出さないことにある。このことは効率的な経営に反するように見えるが、自分たちの思考の質を見つめ直すことにより長期的なメリットが実現する。世界の数多くの企業でダイアログや「ふり返り」という行動習慣が取り入れられ、組織の学習能力とパフォーマンスを飛躍的に高めた。逆に、短期的成果ばかり追求する組織は、変化の激しい時代における意思決定の質の低下を招き、長期的には衰退するという現実がある。

（6）組織学習を阻害する要因

　学習する組織の最後として、組織の学習を阻害する要因について述べる。企業には組織学習を阻害する五つの障害があると考えられる。組織の学習障害を知ることで、学習する組織の阻害要因を排除し、組織学習が促進される環境を整備することができるようになる。次の図表8－16に組織の五つの学習障害について整理する。

図表8－16　組織の五つの学習障害

組織の学習障害	
1	部分最適指向：職務は相互に関連し合っていることを理解せず、自分の狭い職務範囲しか意識しないで、問題と責任の所在は自分以外にあると考える。
2	短期成果指向：目先の短期的・表層的な出来事にばかり意識が向き、効果をもたらす真の問題解決、より本質的な中長期的な対応を怠る。
3	ゆでガエル現象：環境の突然の変化には気づくが、ゆっくりとした漸進的変化には感度が鈍い。チャレンジして失敗することよりも、先送りすることを優先する。
4	成功体験の呪縛：過去の成功が全ての判断基準のベースとなる。現状課題を正しく理解し、本質的な解決に結びつくアプローチを考えようとしない。
5	責任回避：チームとして協力して複雑な問題に対する全体最適の対応を導き出すことが期待されているが、実態は当事者意識を欠いた無責任体制となっている。

8.5　創発性や複雑系への適応力重視の戦略

　環境変化の複雑性の度合いが高まると、要素還元的な分析指向の戦略論の有効性は相対的に低くなる。ダイナミックな環境変化を前提とすると、合理的・決定論的な志向が強いプランニング学派やポジショニング学派の戦略論よりも、統合志向で創発的な要素を取り込んだ戦略論の優位性が高まる。

　ここでは、複雑系への適応力が相対的に高いと考えられる、創発型の戦略やソフト・システムズ指向の戦略について概観する。

　企業経営において、策定した戦略計画通りに事業を運営できる可能性はそれほど高くはなく、むしろ戦略計画通りに事業は運営できないと言ったほうが適切かもしれない。その最大の理由は、戦略計画の策定には市場・競合・調達等さまざまな環境要因に関する予測可能性を前提とするが、環境変化のスピードと複雑性が増せば増すほど、予測に対する実態の乖離が大きくなり、

策定した戦略計画が現実の事業環境に適合しないものになってしまうからである。

　戦略計画の対極に位置するのが「創発戦略」である。創発とは「出現、発現」を意味し、創発型の戦略というのは「最初から計画化」された戦略ではなく、「事業活動の経過とともに次第に出現し、結果として獲得した競争優位要素を戦略として事後的に認知する」、あるいは「当初策定された戦略計画とは異なる遂行課程を経て改めてその実行プロセスの優位性要因を戦略として認知する」ことによって成立するものである。事前にトップや戦略スタッフが詳細な計画として策定する戦略ではなく、ミドル・マネジメントが日々の環境適応的な活動を通じて、意図せずに獲得した新しい成果（ビジネス・チャンス等）が事後的に創発型戦略として認知されるものである。企業の経営資源と環境の機会・脅威のマッチングが事後的に何らかのパターンとして創発することで戦略が出現し、企業が環境との間に示す長期的な相互作用のパターンが戦略として定着する。現場の自律的な適応力・イニシアチブに基づき、豊富な場面情報に適応した合理性が高い判断の下でとられる行動パターンが事後的に戦略として認識されるので、不確実性が高い環境下でもよい成果に結びつく可能性が高い。戦略は計画されるのではなく、実際に起こされた行動が戦略になるので、ミドルは戦略実行者としての役割以外に、戦略構想者としての役割が期待されるようになる。図表8－17に意図された戦略と創発的な戦略の比較を示す。

図表8－17　意図された戦略と創発型の戦略の比較

戦略形成タイプ	意図された戦略	創発型の戦略
提案者・意思決定者	明確、特定可能（経営陣、担当部門、コンサルタント等）。	意図的な選択結果ではなく曖昧。
合理性	分析的に計画化された合理性の追求。	探索的な活動を通じて事後的に組織目的との意味づけが解釈された合理性。
環境条件	比較的安定した環境に適する。	新しい環境、不確実性の高い環境に適する。
戦略高度化プロセス	戦略コンセプトの認知に続いて行動が取られ継続的に見直される。	インプリメンテーション先行で事後的に合理化が認知される。
組織の学習	表明された戦略をインプリメントする際に理解することを通じた学習。	創発的な戦略の意図的な戦略への再定義を通じた組織学習。
組織の理解	戦略コンセプトに関する共通理解。	それぞれの組織における分散した理解と行為に基づく意味の多様性。

　一般的な意思決定は「ハード・システムズ型」のアプローチが採用されるが、創発的な戦略経営を促進するためには、「ソフト・システムズ型」のアプローチが重要になり、それに適した意思決定環境が提供されることが求められる。ソフト・システムズ型の意思決定では、該当するテーマに関するオピニオン・リーダー的存在の人たちが持つ暗黙知を組織知として形式知化するアプローチを採ることが基本となる。個人が持つ高い志が組織目的として共有化できるように整流・集約され、個人の知恵と組織の知恵との相互作用により、複雑な状況下における意思決定能力がスパイラル的に向上する。図表8－18にソフト型意思決定とハード型意思決定の違いを示す。

第8章 規範的な戦略論の限界を越える新展開 113

図表8−18 ソフト型意思決定とハード型意思決定の違い

	ソフト型意思決定の要件	ハード型意思決定の要件
対象となる事象	● 複雑で非構造的な問題 ● 目標設定自体が課題となるテーマ	● 比較的単純で構造化された問題 ● 達成すべき目標が明確なテーマ
問題の状況	● 多様性・曖昧性のある問題認識	● 明確に定義された問題認識
意思決定者の要件	● 場面情報を豊富に持つ現場力に長けた戦略ミドル	● 規範的意思決定や戦略理論に精通した経営トップ／戦略企画スタッフ
意思決定の拠り所	● 意思決定に関与するメンバーが持つ暗黙知と志の結集	● 客観的な原因分析に基づく合理的な戦略代替案の抽出・選択
意思決定における重要な価値観	● こだわり・意志の集約（何を実現したいのか）	● 客観性・合理性のある最適解の導出（何をなすべきなのか）
アウトプット	● 固有の実行可能解	● 普遍化された一般解
決定事項実行の原動力	● 納得とコミットメント	● 権威に基づく説得

　イノベーション・プロセスと未来のリーダーシップのあり方を示した「U理論」がある。U理論では、課題解決のアプローチとして、次の五つの動きが取り上げられている。
　①共始動：他者に耳を傾けてコンテクストでつながり、共通の意図・意志を構築する。
　②共感知：最も潜在性を秘めた場所へ行き、ただひたすら観察する。
　③共プレゼンシング：内なる叡智を出現させることで、出現する未来とつながる。
　④共創造：プロトタイプを作り、実践を通じて未来を切り開く。
　⑤共進化：革新的な系を共に築き、境界を越えて行動することを促す。

U理論の五つのプロセスの考え方を参考に、創発的な戦略が持つメリットを、ソフト的な意思決定アプローチを適用することにより誘導できる可能性がある。事業の中核的な人材をクロス・ファンクショナルなプロジェクト・チームを編成し、メンバーの意志を重視しながら、自社が本質的に実現したい価値を追求する取り組みである。ソフト型意思決定による創発的な戦略の誘導プロセス例を図表8－19に示す。

図表8－19　ソフト型意思決定による創発的な戦略の誘導

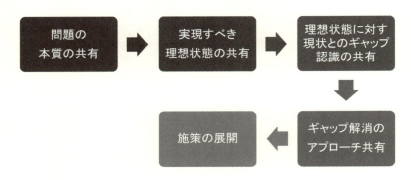

　ソフト型意思決定にはメリットもあれば、デメリットもある。最大のメリットは、複雑で非構造的な問題に対する有効なアプローチであるということである。それ以外にも、戦略の実行可能性が高まる、自社固有の解が得られる、メンバーの戦略思考レベルが高まるといったメリットが期待できる。
　逆にデメリットとして、個人のヒューリスティックス依存度が高く、人間が持つ各種の歪みが織り込まれるという危険性がある。また、集団的意思決定になるので、集団への同調圧力が働いたり、当事者意識が欠落した意思決定になったりする危険性もある。

8.6　ダイナミックな戦略論を支えるICT活用の視点

　ダイナミックな戦略を実践するうえでは、これまで以上に質的に高度なICT環境を整備する必要がある。従来のICTはデータのルーチン的な処理環境の改善が中心的なテーマであり、この方向性においては飛躍的な進化を

遂げてきている。

　ダイナミックな戦略論を実践するに当たっては、組織の知識創造や価値共有に基づく柔軟な環境適応が求められるので、ICT の活用においても、これを促進する方向での支援可能性を追求する必要がある。図表8－20に、ダイナミックな経営戦略の要件に対応した ICT 支援の可能性を記す。

図表8－20　ダイナミックな戦略論を支える ICT 活用

ダイナミックな戦略経営の要件	ICT支援領域
● 環境変化対応力の強化 ・環境変化に関する多様なシナリオの想定。 ・仮説検証型事業運営の実現。 ・環境変化に即応できるマネジメント・コントロール環境の整備。	● 情報の収集・蓄積・処理環境の高度化 ・スコープ拡大・大量リアルタイム処理性・自動化対応力の向上。 ・分析・伝達・ウォーニングの迅速性・柔軟性向上。 ・シミュレーションやシナリオ・プランニング能力の向上。
● イノベーションの促進による競争優位要因の革新 ・組織の知識創造力の向上。 ・顧客・サプライヤーとの協創・共進化。 ・オープン・ネットワークによるイノベーションの促進。	● 情報利用の質的な進化 ・コンテクスト・レベルでの情報共有促進。 ・知識創造における機械支援（ビッグ・データ、テキスト情報対応、ディープ・ラーニング、AI等）。 ・多様化・統合化を促進するICT環境の構築。
● 新たな競争優位を実現する組織能力の進化 ・内部の価値共有強化と組織学習の促進。 ・企業内外のバリュー・チェーン間の連携強化。 ・標準化・モジュール化・体系化と創発的・ヒューリスティック・アダプティブな対応の両立。	● 情報活用空間の進化 ・ネットワーク空間の領域的な拡大。 ・協働促進のためのICT利用自由度の向上。 ・ICT支援領域の拡大による人間の活動領域の質的改善。

　ここに挙げた対応はあくまでも例示的なものである。今後 ICT の進化を取り込みながら、ダイナミックな環境変化対応力を高度化することが求められる。

第9章

顧客価値の本質に迫る事業戦略策定

　企業の存在意義は、顧客に対する価値提供を通じて社会の満足度を高めることにあり、企業経営における戦略の中心的なテーマは、顧客価値の発掘とその提供にある。これまで規範的な戦略論とダイナミックな戦略論という相反的な要素を持つ戦略論について見てきたが、第9章では顧客価値の提供を目的とする戦略経営を実践するために、多様な戦略論を重層的あるいは相補的に活用するための基本的な考え方について整理する。

9.1　顧客価値と戦略ドメイン

　戦略ドメインとは、企業が顧客価値提供を実践する事業領域のことである。戦略ドメインは、企業が社会における存在意義・目的を最も直接的な形で表現したものである。戦略ドメインの定義は、その企業が事業を通じて「顧客と社会にどのような価値や満足を提供しようとしているのかという意志の表明」であると同時に、その企業が「価値提供を行なうに際して何を他社と差異化された固有の強みと考えているのかを表す」ものであり、企業の経営理念と密接に関係するものである。事業ドメインの設定は、企業の社会における存在価値を大きく決定づけるものである。

　生産財ビジネスにおける顧客価値の先鋭化では、顧客の最終的な事業目的そのものに接近した利用価値を提供することが有効である。消費財ビジネスの場合には、顧客の心理的な満足に対する洞察も必要とされる。

　事業のドメインは、次の三つの軸で定義する。

●顧客（Customer）：自社が訴求する価値に対して高い受容性を示す顧客群で、事業が対象とする「顧客セグメント」。

- 価値（Value）：顧客が持つ本質的な欲求を満たすために、自社が他の企業に比べて優位かつ高い満足水準で提供できることが可能な「顧客価値」。
- 資源（Resource）：顧客価値を他社よりも優れた状況で提供できることを可能とする自社が固有に持つ「技術、ノウハウ、能力に関わる有形・無形の資産」。

戦略ドメインの定義で最も重要なのは、顧客価値の定義である。自社の競争優位が発揮できかつ社会の満足度向上につながる他社とは差異化された事業ドメインを定義するためには、自社が訴求する顧客価値を先鋭化させることが最大のポイントとなる。事業で最も大事なのは、自社が「どのような顧客価値の提供を目指すのか」であり、顧客価値が定義されることで顧客セグメントもおのずと決定される。また、提供する顧客価値が定まれば、それを実現するためのカギとなる資源も特定できる。図表9−1にCVRによる戦略ドメインの概念を示す。

図表9−1　CVRによる戦略ドメインの定義

優位化ポイント ⇒ 差異化価値 ⇒ 他社に競り勝つだけの顧客から見た価値
『お客様はなぜ自社の製品・サービスを購入してくれるのか？』

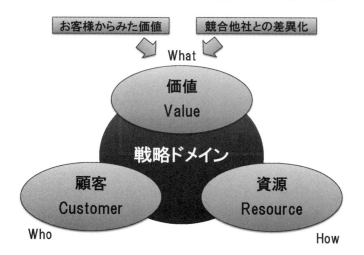

戦略ドメインの定義では、適正なスコープを意識することが大事である。抽象的で広すぎる領域設定では戦略が発散してしまうが、逆に具体的ではあるが狭すぎる領域設定では発展性がなくなり環境変化への対応力が低くなる。戦略ドメインの設定に関しては鉄道会社の失敗事例がよく取り上げられる。衰退した鉄道会社は、旅客・貨物輸送ニーズが減ったわけではないのに、鉄道のスキル・技術・ネットワークといった供給側の事業要因に固執して、顧客の本質的なニーズであった「輸送・移動」という価値提供機会をエアラインに奪われてしまったのである。また、ハリウッドの映画産業は「映画」という供給側の事業要因にしか着目できていなかった時代に不振に陥ったが、「エンタテインメント」いう顧客価値視点に再定義できたことにより復活を果たした。宅配便事業者の事例では「物流管理」という技術を事業の前提として保有するが、生活者に「利便性」という価値を提供するというドメイン定義により発展を遂げることができた。

戦略ドメインを顧客価値起点で定義する際に認識しておく必要があるもう一つの大事な点は、顧客が認知する価値には「基本価値」と「差異化価値」という二種類の価値基準があることである（図表9-2）。

図表9-2　顧客の二つの価値基準

- 基本価値：購買の対象として選択されるうえでの必要条件
  ・基本価値に対しては、他社と同水準の価値提供ができることが必須条件となる。
  ・基本価値が満たされない商品・サービスは購買対象にならないが、ここで他社を圧倒しても購買決定の要因にはならない。

●差異化価値：最終的な購買意思決定を行なううえでの十分条件
・顧客が真に求めている価値領域。
・この価値領域を見極め、他社への優位性を発揮することが重要。
・顧客の購買活動は役割分担しているケースが多い（利用者、購買交渉者、支払者等）。差異化価値を見極めるためには、顧客の実質的な購買意思決定者を特定することが重要。
・差異化価値には、「商品」に転写されるものもあれば、「顧客とのインターフェース部分」によって実現されるものもあり、両者の適切な融合により圧倒的な差異化が発揮できることが望ましい。

　基本価値の領域では競合他社に劣後することは避けなければならないが、この領域でどんなに優位性を実現しても顧客の最終的な購買意志決定にはつながらない。顧客の購買意思決定には、差異化価値の領域における優位性の確立が不可欠である。顧客が認識する二種類の価値基準の差が理解できていないと、顧客が求めている価値に訴求していても、それが基本価値の領域のものであって差異化価値領域のものでなければ最終的な購買意思決定には寄与しない。

9.2　事業コンセプトによる優位性の構築

　戦略ドメインが適切に定義できたとしても、それだけでは事業で成功できるわけではない。次のステップとして、差異化価値をベースに事業コンセプトを定義し、さらに事業コンセプトを具体的に実現するバリュー・チェーンを設計することによる事業モデル構築が必要である。また、新しい事業コンセプトが定義できたとしても、通常それを実現するためにはいくつもの戦略課題が存在するので、戦略課題を解決するための基本戦略とそれを展開した実行プログラムが必要となる。
　事業コンセプトでは、事業ドメインで定義した差異化価値の提供において事業採算が確保できる仕組みを確立し、さらにその仕組みが永続するための模倣困難性を確立する必要がある。たとえ顧客が求める価値提供が高い水準で実現できたとしても、事業としての採算性が確保できないのであれば、民

間企業の事業としては存続できない。さらに、そのような顧客価値提供の仕組みには、容易に他社に模倣されないための仕掛けが組み込まれていることも必要である。せっかくよい価値提供ができ採算性も高い事業が設計できたとしても、そのような優良な事業に他社が簡単に参入できてしまうようでは、よい事業戦略展開とはいえない。

　よい事業コンセプトとは、(1)先鋭化した差異化価値が特定されていて、(2)それを採算ベースで提供できる仕組みが構築可能で、かつ(3)他の追随を許さないための模倣困難性が確立しているという三つの要件を満たし、さらにそれらの要件を実現するために(4)バリュー・チェーンへの展開による事業モデル定義ができている、という構造で構築されているものである（図表9－3）。

図表9－3　事業コンセプトの要件

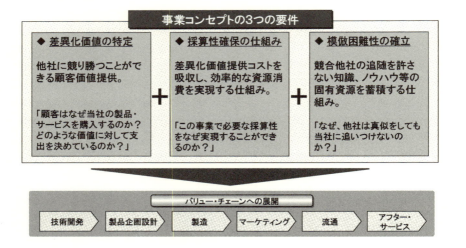

9.3　戦略計画と創発戦略の共進化

　戦略ドメインの定義方法と事業コンセプトが満たすべき要件で見てきたように、実際の事業運営においては競争優位視点からの戦略対応が必要な場面もあれば、資源視点からの戦略対応が必要となる場面もある。さらに、それ

らを統合してバリュー・チェーン展開することで事業モデルを設計することも必要である。このように、多様な戦略理論をある場面では重層的に、また別の場面では相補的に活用できることが大事である。

プラニング学派による意図的な戦略と創発型の戦略についても同様のことがいえる。環境変化の複雑さ・激しさがますます高まる時代においては、創発型の戦略の重要性が高まるからといって、従来型の戦略計画がまったく無意味になるということではない。両者を補完的な位置づけにおいて活用するのが現実的なアプローチである。

従来型の戦略計画を策定する一方で、戦略計画の実行過程において現場が持つ知恵が十分に発揮されるよう学習する組織のための環境をも整備しておくことが必要である。このような重層的なアプローチにより、戦略計画の実行過程において経営目標をより有効に実現する創発型の戦略が形成される可能性が高まる。創発型の戦略が形成できたとなれば、次のステップではそれを前提としたより進化した従来型の戦略計画の策定につなげることが可能となる。このような戦略計画と創発型の戦略の共進化を実現することが、イノベーションを加速する戦略経営が目指すべき姿である（図表9-4）。

図表9-4　戦略計画と創発型の戦略の共進化

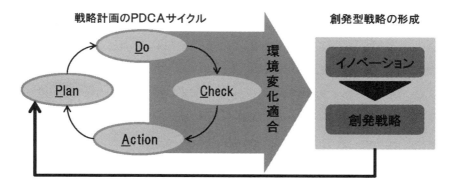

－ 第Ⅱ部 －

顧客価値創造の
実践

第10章
日本企業経営のマクロトレンド

　日本は1991年にバブル経済が崩壊してそれまでの安定成長が終焉し、それ以降は「失われた20年」といわれる長い経済停滞が続いた。第10章では、失われた20年間の企業経営のマクロ・レベルでの対応実態について整理することで、これからの日本企業にとって最大の経営課題は価値創造への取り組みであり、そのためにはイノベーションの促進が何にも増して必要であることを理解する。

10.1　バブル経済崩壊後の失われた20年を振り返る

　バブル経済の崩壊以降の失われた20年のほとんどの期間にわたり、多くの日本企業は縮小均衡型のリストラ的な対応を余儀なくされてきた。金融保険業を除く売上高10億円以上の事業会社の業績推移を図表10－1に示す。

図表10－1　日本企業の業績推移

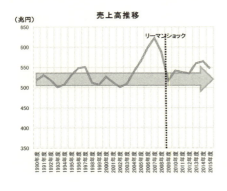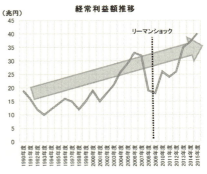

（出所：財務省「法人企業統計」）

第10章 日本企業経営のマクロトレンド　125

　経常利益は微増傾向にあったのに対して、売上高は2005年度〜2008年度を除くとほぼ横ばいであった。しかしこの間、OECDの国別生産性比較調査結果（図表10−2）等を見ても、日本企業の生産性が向上したという証拠は乏しく、利益増の源泉はリストラ的対応であった可能性が高いことが推察される。

図表10−2　主要国の全要素生産性上昇率

順位	1990-1994年平均		1995-1999年平均		2000-2004年平均		2005-2009年平均	
	国名	上昇率	国名	上昇率	国名	上昇率	国名	上昇率
1	韓国	3.8%	アイルランド	5.2%	韓国	2.8%	韓国	2.6%
2	アイルランド	3.1%	韓国	3.8%	スウェーデン	2.1%	オーストリア	0.8%
3	英国	2.2%	フィンランド	2.5%	アイルランド	1.9%	ニュージーランド	0.6%
4	ベルギー	2.0%	オーストリア	2.0%	フィンランド	1.9%	米国	0.4%
5	オーストリア	1.8%	スウェーデン	1.5%	米国	1.8%	スイス	0.3%
6	デンマーク	1.6%	ニュージーランド	1.5%	英国	1.7%	ドイツ	0.2%
7	フィンランド	1.6%	米国	1.4%	オーストラリア	1.1%	スペイン	0.1%
8	オーストラリア	1.4%	英国	1.4%	日本	1.0%	オーストラリア	-0.1%
9	ドイツ	1.3%	オーストリア	1.2%	ドイツ	0.7%	カナダ	-0.2%
10	スペイン	1.1%	ポルトガル	1.0%	フランス	0.6%	フランス	-0.2%
11	イタリア	1.0%	ドイツ	1.0%	ニュージーランド	0.6%	日本	-0.3%
12	ニュージーランド	0.9%	カナダ	1.0%	ベルギー	0.5%	アイルランド	-0.3%
13	米国	0.9%	オランダ	0.9%	オーストリア	0.4%	ポルトガル	-0.3%
14	フランス	0.9%	フランス	0.9%	オランダ	0.4%	オランダ	-0.4%
15	スウェーデン	0.8%	ベルギー	0.8%	カナダ	0.3%	英国	-0.5%
16	カナダ	0.7%	日本	0.4%	スイス	0.1%	ベルギー	-0.5%
17	日本	0.5%	スイス	0.4%	デンマーク	0.0%	フィンランド	-0.6%
18	オランダ	0.2%	イタリア	0.0%	スペイン	-0.1%	スウェーデン	-0.9%
19	スイス	-1.1%	スペイン	-0.1%	イタリア	-0.5%	イタリア	-1.1%
20	ポルトガル	-2.8%	デンマーク	-0.2%	ポルトガル	-0.6%	デンマーク	-1.7%

（出所：　日本生産性本部、オリジナルデータはOECD）

　その他の社会・経済に関する実態に目を向けても、日本の地盤沈下を示すものが多い。例えば、米国のFortune誌が毎年発表している「Fortune Global 500（世界の500大企業）」に占める日本企業数は、2005年には81社と米国に次いで世界第2位であったのが、2015年には54社にまで減少し中国に次ぐ第3位に後退した。Fortune Global 500にランク・インする日本の大企業数がそのまま日本企業の業績やポジションを反映するものではないが、大きな潮流として日本企業の世界市場における存在感が低下していることを表していると考えられる。また、国際経営開発研究所調査による「国として

の競争力」でも、かつては世界のトップ・レベルにあったのが、近年は20位以下に低迷している。マクロ経済面ではGDPの成長率も低く、現在ではその総額は中国に抜かれ世界第3位に転落した（図表10－3）。

図表10－3　主要国の名目GDP比較

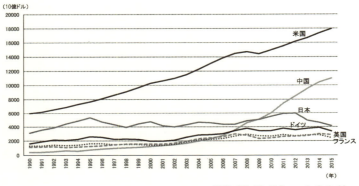

　日本企業がこれからも国際社会における存在価値を維持・拡大するためには、世界が必要とする価値を創造しそれを増大させることによって成長を実現することが不可欠である。そのための最大の課題は、社会が必要とする価値を発掘し、それを提供できるようになるためのイノベーションを促進する経営を展開することである。

10.2　日本企業の経営改革への取り組み実態

　失われた20年間の日本企業の経営改革への取り組みを振り返ってみると、それはグローバル・スタンダード経営への転換であったといえる。それは従来の従業員主権を重視した日本型経営から株主主権を重視した経営への転換であり、バブル経済崩壊後の業績低迷から脱却して株主価値の向上を目指すものであった。そのためには、事業構造を改革するとともに、事業の競争力を高めるコア機能の革新を実現する必要があった。

　このような事業の戦略的な転換を実現するためには、戦略の実効性を高め

第10章　日本企業経営のマクロトレンド　127

るためのマネジメント革新を同時に進める必要があった。マネジメント革新の基本的な方向性は、分権経営の徹底とグループ本社機能の強化であった。そのための具体的な取り組みは、⑴分権組織の責任体制の見直しと業績評価制度の改革、⑵役員改革による戦略経営のための執行能力と監督機能強化、それに⑶人材の活性化と有効活用を目指した成果主義型人材マネジメントの制度整備であった。図表１０−４に日本企業の経営改革への取り組み概要を整理する。

図表１０−４　日本企業の経営改革への取り組み

株主重視の経営への転換

企業価値を高めるための事業構造の改革	事業の競争力を強めるコア機能の革新

戦略の実効性を高めるマネジメント革新

分権経営の徹底とグループ本社機能の強化

責任体制の見直しと業績評価制度改革	役員改革による戦略執行と監督機能の強化	成果主義型人材マネジメントの強化

　多くの日本企業が実にさまざまな経営改革に取り組んできたが、それらが目指してきたものは、以下の３点に集約される。

①戦略経営の強化と業務執行の効率性向上の同時達成
　・選択と集中を徹底することで同質的な競争から脱却する。
　・米国が進めたのと同様にIT革命を取り込んだ業務効率の飛躍的な向上を実現する。
②事業構造改革とコア機能強化
　・強みが発揮できる事業領域への資源の集中。
　・強みが発揮できる機能領域への資源の集中。
③分権自律型経営の実現と戦略本社機能の強化
　・個別事業の執行における責任権限の強化。

・事業間のシナジーを発揮するための横串機能としての本社部門の能力強化。

　これらの改革を進めるうえでの前提条件は「グローバル・スタンダードへの接近」と「制度・標準・可視化の仕組み整備による経営の健全性・透明性の確保」であった。多くの経営改革は、このような価値観に方向づけられた取り組みであった。

　しかし、バブル崩壊後も日本経済は、IT 不況、リーマン・ショック、東日本大震災等、度重なる危機に見舞われることになり、一連の経営改革の成果を享受できそうになると、また次の危機が発生するという不運が連続した。さらに、この時代は東西冷戦が終結して本格的なグローバル競争時代に突入するという世界的な激動期であったが、このことも日本企業の業績を大きく圧迫する要因となった。

　その結果として、日本企業はさまざまな経営改革に次々と取り組んではみたものの、実際にはコスト削減努力が最優先され、縮小均衡型のリストラ対応に追われ続けたというのが実態であった。コスト削減努力には、経費・原価面の合理的な削減をはじめとして、人材活用方針の転換、企業系列を超えた設備・機能の統廃合、低採算・不採算領域からの撤退、オフショア生産の加速化等、さまざまな対応が見られた。図表１０－５に日本企業によるこれまでの経営改革を総括するが「将来の成長のための布石が重要である」とい

図表１０－５　日本企業が取り組んできた経営改革の総括

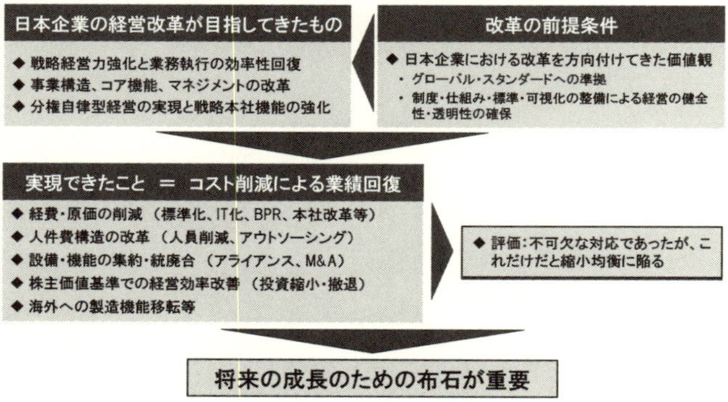

うのが結論である。

10.3　これからの企業経営に求められる価値創造

　日本の企業経営が縮小均衡型のリストラ的対応に追われ続けたのは、外部環境要因によってそうせざるを得ない状況が続いたことも事実である。企業が存続し続けるためには、外部環境が悪化した時期における緊急対応として、収益性を回復するためのコスト削減を優先した対応はやむを得ない取り組みである。しかし、企業が「社会における価値創造システムとして機能することで社会の発展と満足度の向上に寄与すべき存在である」という本来のミッションを果たすためには、図表10－6に示すように、中長期的な対応として将来の成長に向けての布石を打つことが不可欠である。

図表10－6　将来の成長のための布石

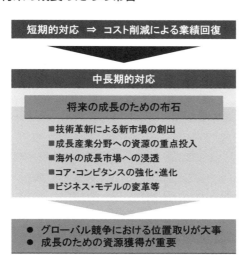

　これからの日本企業に求められているのは、しっかりとした成長戦略を実現することで、社会が必要とする新たな価値を創造し続けることである。しかし、企業がコスト削減路線から成長路線に舵を切り替えるのはそれほど容易なことではない。図表10－7に示すように、効率追求型の経営と成長追

求型の経営では、質的に大きな違いがあるからである。本格的に成長路線を追求するためには、経営のさまざまな面における意識改革を伴う必要がある。

図表１０－７　成長戦略のための経営の質的な転換

効率追求型経営	成長追求型経営
● 長期の不確実な成果よりも短期の確実な成果を重視（時間割引概念重視？）	● 将来期待できる成果最大化のための先行投資とリスクを許容（未来傾斜重視）
● 投入資源（コスト）の削減に注力	● 産出（付加価値）の増大を重視
● 優位性の源泉としてのコスト優位	● 市場との協創による付加価値創造
● 経営資源の市場調達による迅速性や支出の変動費化を重視	● 成長および差異化の源泉となる固有の経営資源の蓄積を重視
● 標準化・ルール化が普遍的取組課題	● イノベーション促進環境を重視
● 最適な分業方法と専門特化を実現する組織機能設計	● 多様性・多義性・異質性の許容と統合志向の組織文化の醸成
● 分権組織の毎期の財務業績目標達成に対する成果主義が徹底	● 毎期の財務業績目標よりも顧客（社会）満足度の増大に関する成果を重視

　成長戦略を実現するには、現在世の中で起きている変化の大きな潮流を認識しておく必要がある（図表１０－８）。

図表１０－８　世の中の根底にある本質的な変化

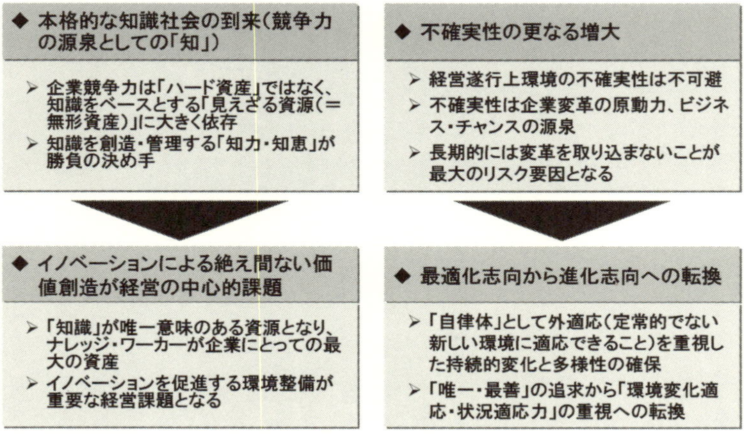

◆ 本格的な知識社会の到来（競争力の源泉としての「知」）
  ➢ 企業競争力は「ハード資産」ではなく、知識をベースとする「見えざる資源（＝無形資産）」に大きく依存
  ➢ 知識を創造・管理する「知力・知恵」が勝負の決め手

◆ 不確実性の更なる増大
  ➢ 経営遂行上環境の不確実性は不可避
  ➢ 不確実性は企業変革の原動力、ビジネス・チャンスの源泉
  ➢ 長期的には変革を取り込まないことが最大のリスク要因となる

◆ イノベーションによる絶え間ない価値創造が経営の中心的課題
  ➢ 「知識」が唯一意味のある資源となり、ナレッジ・ワーカーが企業にとっての最大の資産
  ➢ イノベーションを促進する環境整備が重要な経営課題となる

◆ 最適化志向から進化志向への転換
  ➢ 「自律体」として外適応（定常的でない新しい環境に適応できること）を重視した持続的変化と多様性の確保
  ➢ 「唯一・最善」の追求から「環境変化適応・状況適応力」の重視への転換

一つ目の潮流は、本格的な知識社会の到来である。知識社会の到来に関しては、「ポスト資本主義社会では、伝統的生産要素としての労働、資本、土地に代わり、知識が唯一意味のある資源となり、ナレッジ・ワーカーが企業にとっての最大の資産となる」というドラッカーの予見や、「パワーシフトの鍵は知識であり、知識は経済力や国力の付随的要素から力の源泉そのものとなり、その支配をめぐる戦いが激しくなる」というトフラーの説等が知られている。これからの企業成長を支えるのは、金融資本や物的な試算ではなく、無形の資産である知識創造力が源泉となるイノベーションである。無形資産の内容を図表１０−９に示す。製品やサービスの大部分の価値は「ハード資産」ではなく、知識をベースとする「見えざる無形の資源」に依存するようになる。暗黙知が持つ重要性を認識し、組織構成員全員が知識創造に関与するようになることが求められている。

図表１０−９　無形資産の構成とその要素

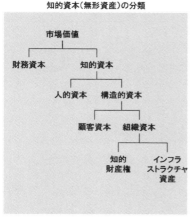
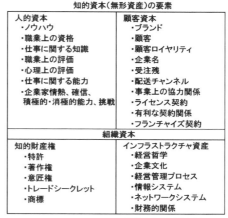

もう一つの大きな潮流は、不確実性の拡大への対応としてとても大事な、最適化志向から進化志向への転換である。不確実性を価値創造のための機会として取り込むためには、計画化された最適解を追求する経営ではなく、不確実な変化に対して自律的かつ柔軟に対応できる組織能力を備えた進化志向

の経営に転換することである。

10.4 価値創造経営と人材

このような潮流を認識し、それに対して適切な対応を実現するためには、組織特殊的な人材が持つ重要性を理解する必要がある。組織特殊的人的資産とは、特定の組織内部に特化した価値を持つ知識・スキル・ノウハウ・熟練を発揮できる人材のことであり、物的資産や汎用的人材のように市場から容易に調達することができない人材である。複雑な環境変化の下で組織能力やコア・コンピタンスの源泉となる人材で、組織の自律的活動やイノベーションを推進するうえで不可欠な存在である（図表10－10）。（注：組織特殊的人材は、他の組織で価値を発揮できないことを意味するものではない。）

図表10－10　組織特殊的人的資産蓄積の重要性

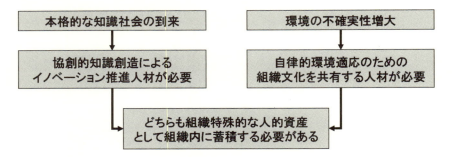

日本企業には、知識社会に適した特長が二つある。その一つは、暗黙知の重要性を理解する多くの経営者・マネージャーが存在するということである。暗黙知には主観に基づく洞察、直感、勘、経験、理想、価値、信念、イメージ、シンボル等が含まれるが、知識の形式的・論理的でない部分に対する理解、直接体験や試行錯誤を重視する現場主義というものが日本の企業には根付いている。

もう一つは、組織構成員全員が知識創造に関与し個人と組織の自己変革を通じたイノベーションが促進されるという特長である。知識は他との濃密な交流の中から社員一人一人が作り出すものであり、組織目的への一体化とコ

ミットメント、社員間のダイナミックな相互作用を通じて創造されるものである。情報の統合化だけからはイノベーションは生まれない。日本企業は、自分と異なる知識を持つ他者との共創・共進化（すり合わせ）を通じたコンセプト創造が得意である。

　このような日本企業の特長は、次の三つの要因によって形成されたと一般的には理解されている。

　①長期的な雇用制度
　　・「終身的」雇用を前提とした各種人事制度
　　・「年功的」な処遇体系
　　・多能工的スキル蓄積のためのキャリア開発
　②現場活動主体の組織能力蓄積
　　・On-the-Job-Training（OJT）
　　・Total-Quality-Control（TQC）活動や Zero-Defect（ZD）運動
　　・優れた組織活動成果に対する表彰制度
　③柔軟性のある業務運用規定
　　・性善説（McGregor の Y 理論）を前提とした管理体系
　　・緩い職務分担・責任権限体系
　　・能力のある人材（部下・下位組織）への実質的な権限移譲

　これらの要因が日本企業の知識創造を後押ししてきたことは否定できないが、これらはいずれも戦後成立した企業の内部制度要因である。日本企業の組織特殊的な強みのより根源的な成立要件としては、次の二つの要因に着目する必要がある。

　①「共同体同調規範・共同体存続規範」の社会制度
　　・共同体内部の人材に対する厚い保護
　　・共同体の共通目的達成に対する個人の高い貢献意識
　　・共同体から追放されることに対する高い損失
　②「統合志向」の思考様式
　　・近代西洋哲学的思考様式（要素還元主義、二項対立思考等）を絶対視

していない精神構造
- 人間活動の本質に対する日本（東洋）流の理解
- 「分業」よりも「すり合せ」に適した文化

　日本企業は、これから必要な知識社会に適合できるよい素質を持つものであるが、問題がないわけではない。大きな問題の一つは、これらが世界で普遍的に共有化可能な価値観になり得るのか否かである。これらの要因は、日本企業の特異性として、世界ではむしろ否定的に捉えられるケースのほうが多く発生している。
　もう一つの問題は、これらの特長を近年の経営改革で否定してきたことである。日本企業がこれまで取り組んできた「グローバル・スタンダード」を意識した経営改革は、次の点で従来日本企業が持ち合わせていた強みの源泉を否定する側面がある。

- 標準化された能力要件とそれに基づく市場価値での評価　⇒　組織特殊人材の否定。
- 短期成果（業績）の重視　⇒　未来傾斜や、組織学習による能力蓄積の軽視。
- 明示的目標達成に向けた合理的業務設計と分業による専門化・効率化　⇒　現場力を支える多能工による柔軟で問題解決的な組織運営の否定。

　さらに加えると、ここで述べた日本企業の組織特殊性に基づく強みは、実は弱みと表裏一体の関係にあることにも注意する必要がある。

- 経営の意志が働かない現場任せのマネジメント
- 参加者全員の納得を必要とする遅い意思決定
- 「場」が共有する「空気」に支配される非合理的な意思決定
- 共同体として認識される組織近傍だけでの適応行動
- 現状を否定した構造的な変革を妨げる現状維持指向
- 他者（社）との差異を嫌うことによる同質的で消耗的な競争
- 閉じた関係性の中だけでの知識共有

- ゼネラリスト集団で専門的な能力に長けた人材の不足
- 協働という名目による責任の所在の不明確化
- 企業グループの境界を越えた人材の流動的な再配置が困難等

　日本企業は、これからの時代に求められる知識創造とそれに基づく価値創造を支える人的資源に恵まれているというアドバンテージを持つ一方で、それがグローバル市場で競争するうえでのハンディキャップにもなり得るという相反する特性を持つ。これからの経営で必要なのは、過去を全否定することではなく、新時代が必要とする本質的な要素を正しく認識することである。ただし、それは現状の強みの状況適合的な要因を無視して単純に横展開することであってはならない。価値創造の本質を理解したうえで、それを加速するための環境適応を意識することが大事な取り組みとなる。

第11章

成長戦略の考え方

　前章で記したように、日本では失われた20年という非成長・縮小均衡型の経営が長期間続いた。いつまでもこのような状態の経営を続けていたのでは、日本企業の国際社会におけるポジション低下が避けられないのみならず、存在価値そのものが失われてしまう危険性すらある。

　社会は常に成長・進化していることが望ましい姿であり、企業もそれに沿った貢献をする必要がある。これまでの沈滞した状況を打破するために、企業が社会における価値創造システムとしての機能を発揮すべく成長に向けた布石を打つことが必要である。第11章では、成長戦略が企業にとって持つ意義を再確認し、成長を実現するための価値創造システム変革のあり方と、変革のための戦略策定方法の基礎的な考え方を概観する。

11.1　成長戦略の意義

　企業はゴーイング・コンサーンであるために、常に成長することが求められる。ここでいう「成長」とは、単に事業の量的な拡大を図る「大量生産・大量消費型」の事業拡大を意味するものではなく、地球環境への配慮等も含めた社会が必要とする価値提供の高度化がその本質である。

　企業の本来的ミッションは、各種の経営資源を活用して事業を営むことにより、顧客が求める価値を提供することで、社会の満足水準を高めるための機関として位置づけられる。このような考え方に立脚すれば、社会は常に成長・進化することが求められるので、企業が社会の成長・進化に寄与するために自らが提供する顧客価値の増殖を通じて社会に貢献することも、企業の本来的ミッションから導かれる自然な姿である。

　企業が顧客価値創造システムとしての自らの機能を高度化することによっ

て持続的に成長することの第一義的な目的は、社会的満足をより高次元で実現することにあるが、従業員のモチベーションを維持・高揚するうえでも成長は重要である。自分が所属する企業が発展的な成長を遂げることは、企業が従業員に提供できる各種の誘引が高められるという直接的な意味でのモチベーション向上が期待できるのみならず、自社の社会的な存在価値やレビュテーションの向上がもたらすより高次の貢献意欲の向上に寄与するという側面も期待される。

　成長戦略の目的は、(1)「より多くの付加価値を生み出す事業を選定し」、(2)「それらの事業に限られた経営資源を効率よく配分し」、(3)「より多くの顧客価値を提供する」ことにより、(4)「企業のさまざまなステークホルダー満足の向上を実現する」ことにある。

11.2　成長戦略の方向性

　企業が成長するためには、顕在化している顧客ニーズに応えることによって満足水準の向上に努めることは当然の対応である。それに加え、潜在的なニーズを発掘し新たな顧客価値を創造することによってより高度な顧客満足を実現することも求められる。

　成長戦略とは、「より多くの価値提供を通じて社会への貢献を高度化するための諸施策」と定義することができ、その基本的な考え方には図表11－1に示すアプローチがある。

図表11−1　成長戦略のための５つの基本的なアプローチ

	成長戦略の基本的なアプローチ
1	● より多くの価値創造が可能な事業の領域を発掘すること。 ⇒ 環境分析（経済・産業・市場・顧客・技術動向等）に基づくビジネス・チャンスの抽出
2	● 他企業よりも優位性のある価値創造領域を選定すること。 ⇒ 事業ドメインの特定
3	● 自社が手掛ける事業間で、投入可能な限られた経営資源を、適正に再配分すること。 ⇒ ポートフォリオ管理に基づく先行投資の対象となる事業と先行投資の源泉となる事業の特定
4	● 社会的な効率と競争上の優位を追求するため、より多くの顧客価値創造をより少ない資源投入で実現すること。 ⇒ 効率的かつ競争優位性のあるビジネス・モデルの構築
5	● 上記を実現するために必要な能力の蓄積と向上を図ること。 ⇒ 能力構築、組織学習、外部資源活用

　具体的な成長戦略施策としては、図表11−2に示す五つの対応が代表的な取り組みである。実際の戦略展開に当たっては、これら五つの対応のいくつかが組み合わされた複合的な対応になることも多い。

図表11−2　代表的な５つの成長戦略施策

	成長戦略施策
1	●多角化とポートフォリオ管理による事業構造の改革 ・成長領域への重点的な資源配分 ・そのための不採算領域からの撤退
2	●バリュー・チェーンの改革による新たな付加価値の取り込み ・川上・川下機能の取り込み ・異なるバリューチェーン機能の取り込み・共有・融合・質的変化
3	●イノベーションによる新市場創造 ・プロダクト（製品技術）イノベーション、プロセス・イノベーション ・ビジネス・モデルやマネジメント・スタイルのイノベーション
4	●成長ポテンシャルの高い地域の市場（海外の新興国市場）への進出・深耕 ・既存の成熟型ビジネス・モデルの横展開 ・新興国市場に適合した新たなビジネス・モデルの構築
5	●サービス付加価値化 ・提供する製品の機能的な価値ではなく顧客の利用価値・意味的価値への訴求 ・顧客が抱える課題へのソリューション提供

11.3　成長戦略策定のポイント

　革新的な成長戦略を策定するに当たっては、戦略ドメインを再定義することが求められることが多い。既存の戦略ドメインに依存した成長には限界があることが多いからである。戦略ドメインを見直すことは、事業コンセプトの変更にもつながり、事業モデルを刷新することにもつながる。

　戦略ドメインの見直しは、「顧客セグメント」、「提供する顧客価値」、「顧客価値を実現するコアとなる資源」のいずれかを変更することである（図表11-3）。しかし、これらの要素は相補的な関係にあるので、これら三つの要素の組み合わせとしての変更になることが多い。しかし、いずれの要素の組み合わせの変更を行なうに当たっても、顧客価値がぶれたりぼやけたりすることだけは絶対に避けなければならない。成長戦略を追求すると、ターゲットとする顧客層の拡大を狙うことにより、提供する価値が総花的になってしまう危険性がある。あるいは、先進的な技術開発成果が得られたからといっても、それが顧客価値の創造と深く結びついた戦略ドメインの定義に寄与しないのであれば、その技術開発成果を用いた事業は成功する見込みが低い。

図表11-3　「CVR」による戦略ドメインの見直し

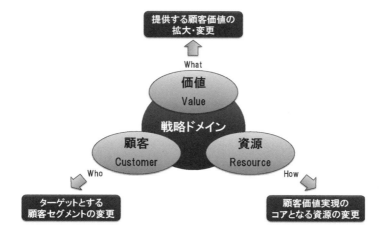

革新的な成長戦略を目指した戦略ドメインの変更に当たっては、新たな経営資源を大量に投入する必要が発生する。企業にとって投入可能な経営資源には「量的・質的」な制約があるため、戦略ドメインの変更に当たっては撤退する事業や機能の領域を選択することも必要となる。戦略ドメインの変更は、より多くの価値を生み出すことができる事業構造を最も効率的な資源配分で実現する改革であることが求められる。

　そのためには、現在の事業状況を基点とした戦略計画策定アプローチを採るのではなく、パースペクティブとして将来実現すべき事業のあり方に関するビジョンを描き、そこを基点として将来実現したい姿にいたるまでの戦略施策を逆算して展開するというアプローチを採ることが有効である。現状を基点とした戦略計画は、道筋を立てた改善的な取り組み施策から抜け出ることが困難であり、抜本的な改革への取り組みが弱くなる。それに対して、将来実現したい姿を基点に現状に引き戻すアプローチを採用した場合には、現状のしがらみにとらわれない革新的な施策が導出されやすくなる。図表11－4に示すように、成長戦略のためには経営が長期的に目指すべき姿を事業構造革新のための長期経営ビジョンとして明確化し、それを実現するための中期～短期の施策へと展開するアプローチが有効である。

図表11－4　成長戦略のための長期経営ビジョン策定

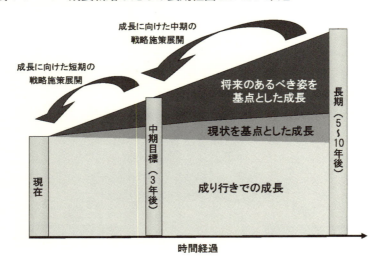

長期経営ビジョン策定のプロセスを図表11－5に示す。このアプローチは一般的にはよく用いられるビジョン策定プロセスであるが、現状を基点とした戦略策定の性格が強くなってしまうので、革新的な戦略ドメインの見直しにはつながらないことも多い。どのような組織においても安心して適用することができるアプローチではあるが、革新的な戦略を実現しなければならない状況下においては、斬新な切り口を導出できるための工夫が必要であることを認識したうえで、活用することが望ましい。

図表11－5　長期経営ビジョン策定の一般的なプロセス

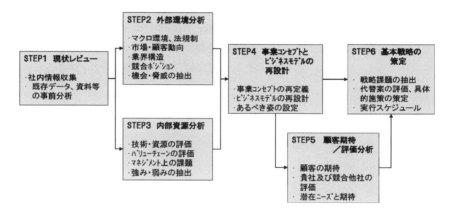

社内に存在する暗黙的な智恵の発現により、自社はどのような価値を提供していきたいかという企業に内在する「こだわり」と「意志」に基づいて、自社固有の「目指すべき姿」を導出するソフト・システムズというアプローチがある（図表11－6）。ソフト・システムズ・アプローチでは、コンセンサスをつくり上げ、実際にアクションに結びつく「実行可能解」を創造するアプローチが採用されるので、戦略の立案主体と推進主体が一致することで、実際の現場での戦略推進を担う事業革新の旗振り役が機能し、戦略の実行性が担保されやすくなる。戦略策定メンバーの戦略思考の醸成という教育効果が得られ、将来の戦略進化に向けたポテンシャルが向上するという副次的メリットも大きい。

ただし、ソフト・システムズ・アプローチは、戦略策定に参画するメン

バーの個性や意志が強く反映するので、メンバー構成によって着地点が異なる可能性があるという性格を持つ。また、メンバーのスキル水準や経験の蓄積度合いによっては、有効な結論までたどり着けないということもあり得る。その意味において、図表11－5に示した一般的なアプローチに比べると安定性を欠くアプローチであることを理解しておく必要がある。二つのアプローチのメリット・デメリットを認識した上で活用する必要がある。

図表11－6　ソフト・システムズ・アプローチによる長期経営ビジョン策定

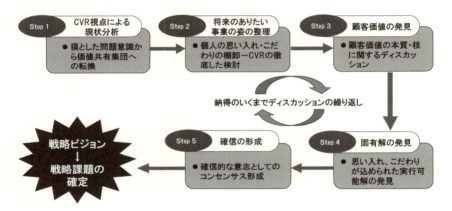

11.4　成長戦略の定着に向けて

　革新的な成長戦略が成功するためには、単にそのための戦略施策を構築するだけでは不十分である。成長戦略が革新的なものであればあるほど、改革の実行段階における新戦略施策の定着に配慮する必要がある。

　多くの革新的な改革プログラムが失敗するのは、その策定段階における危機感の不足が先ず挙げられる。現状の危機に目をつぶり問題を先送りしたいという意識が組織内で働いているようでは、有効な戦略施策の策定は望めない。また、短期的な成果至上主義により、目先のトラブル・シューティング対応に忙殺され、より本質的で根源的な課題解決に取り組むことのリスクを回避する姿勢もよく見受けられる。このような障害を取り除くためには、成長戦略策定の最初の段階で、危機感を共有するためのプロセスを設け、本当

第11章　成長戦略の考え方　143

の意味で危機を認識したメンバーが成長のためのビジョン策定に当たること
が望ましい。このようなプロセスを採用するに当たっては、前述のソフト・
システムズ・アプローチによる長期経営ビジョン策定が有効である。
　将来のビジョンが明確化され、その実現に向けて取り組むべき戦略諸施策
が策定できても、まだそれが実効性を持つことにはならない。それに続く
フェーズで、改革実現に向けた経営の諸システムの改革、改革が定着するた
めの無形資産の獲得を行なう必要がある。これらのプロセスに取り組むこと
によってはじめて時代遅れの事業モデルから成長志向の事業モデルへの転換
が可能となり、その実効性を担保するための価値共有と組織能力開発が実現
する（図表11－7）。

図表11－7　事業構造・事業モデル改革定着に向けた取り組み

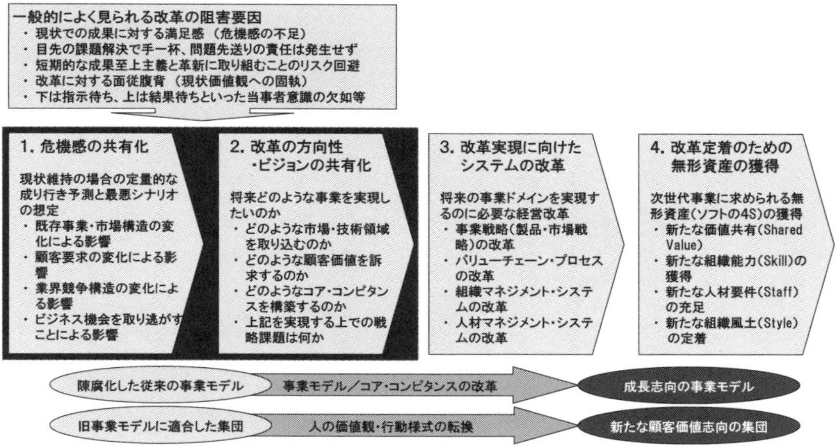

第12章

多角化戦略

　成長戦略を推進するうえでの基本となる取り組みは事業の多角化である。事業にはライフサイクルがあるので、単一事業構造の経営では成熟・衰退が避けられない。新規の事業領域を取り込むことで多角化し、成長事業と成熟・衰退事業間での資源配分を適正化することで、常に成長を遂げる事業構造が実現可能となる。本章では、企業における多角化の意味や多角化戦略への取り組み方法を取り上げる。

12.1　成長戦略と多角化

　企業は多様な経営資源を持つが、ペンローズはその中でも経営者資源が生み出すサービスが企業の成長の源泉であると考えた。企業の成長を左右する多角化等への取り組みは、企業内部に存在する未利用の経営者サービスという生産要素によって規定されるという考え方である。企業の成長は、利用可能な経営者サービスの度合いに依存するので、経営者サービスの余剰がないと企業は成長できないということを意味する。

　また、ペンローズは企業の成長に関して、成長する企業は自ずと多角化していく、あるいは多角化することによってのみ企業は成長を続けることができると主張した。企業は一つの事業しか持たない場合には、企業成長が当該事業の成長により決定されてしまうため、事業が持つ寿命がそのまま企業の寿命を左右することになってしまう。企業は特定の事業領域に固着することなく、新たな事業領域に展開することで持続的に成長することができるようになる。

　企業は、成長に必要な未利用の経営者サービスが存在することで、多角化による成長を続けることが可能となる。しかし、どのような多角化を実現す

るかは、企業がどのような専門性のある経営資源を持っているのかということに依存する。多角化は、事業領域を単に複数の領域に展開すればよいというものではなく、自社の経営資源が持つ強みを発揮可能な領域に特化したものである必要がある。企業は、無節操な事業領域拡大による経営資源の拡散を避ける必要がある。

　企業が持続的な成長を実現するためには、内部に存在する未利用の経営者サービスを活用し、自社の強みが発揮できるあるいはより強化できる領域を見極めて、多角化を進めることが求められる。

12.2　製品市場マトリックス

　多角化による成長に関する代表的な理論として、アンゾフが提唱した「製品・市場マトリックス」がある。アンゾフは、それまでの経営理論が内部管理を主たる対象としていたのに対して、それを市場における競争概念へと発展させ、企業戦略論から内部要素をも加味した戦略の実行とコントロール性を重視した戦略経営論への発展を促した。

　アンゾフは、戦略レベルの意思決定には、以下に示す四つの構成要素があることを主張した。

①ドメインと自社能力：事業が対象とする製品と市場セグメント。
②成長ベクトル：成長を実現する事業領域。
③シナジー：事業間、機能間に働く相乗効果。
④競争環境特性：競争上の利点、競合他社に対する優位性。

　企業戦略では、事業のポートフォリオ管理による多角化を実現するうえでの成長ベクトルを決定することが主要テーマの一つである。成長ベクトルを考えるうえでは「製品・市場マトリックス」のフレームを適用することが有効である。

　成長戦略のための製品・市場マトリックスは、「製品軸」と「市場軸」という二つの軸をそれぞれ「既存」と「新規」とに分類した合計四つのセルで成長ベクトルの方向性を示す分析手法である。企業の成長ベクトルを、現在

の製品・市場分野との関連においてどの方向に成長させるのかを示すのが製品・市場マトリックスである（図表１２－１）。

図表１２－１　アンゾフの製品・市場マトリックス

市場 ＼ 製品	既　存	新　規
既　存	市場浸透戦略	製品開発戦略
新　規	市場開拓戦略	多角化戦略（狭義）

①市場浸透戦略（既存製品×既存市場）
- ・既存製品を既存市場に販売していく戦略。
- ・一般的には導入期・成長期にある市場全体が拡大基調にある事業領域に通用する戦略。
- ・販売促進や顧客サービスの充実、商品ラインの充実等により需要を掘り起こすこと（購入量の拡大、購入頻度・サイクルの改善、潜在ユーザーの顕在化）によって、シェアの拡大を目指す。

②市場開拓戦略（既存製品×新規市場）
- ・既存の製品を新規市場に販売していく戦略。
- ・新チャネルの開拓、新地域への進出により、新市場を確立する。
- ・ユーザー・ニーズの発展段階に時間差がある、海外新興国市場の取り込みが現在の大きな課題。
- ・製品開発のコストをかけずにライフサイクル後期の製品を再成長に導くことが期待できるが、チャネル整備への投資が求められる。

③製品開発戦略（新規製品×既存市場）
- ・既存の市場に向けて新製品を販売する戦略。
- ・既存顧客のニーズの進化に合わせて、新たな製品によるライフサイクルを確立する。
- ・製品力で勝負できる企業が優位性を発揮しやすい。

・「計画的陳腐化」による需要喚起も可能であるが、過当な製品開発投資競争や、ユーザー・ニーズ不在の製品機能・性能の向上競争は避ける必要がある。
④多角化戦略（新規製品×新規市場）
・新規製品を新規市場に向けて販売する戦略で、シナジー効果や既存事業での知見の活用が期待できないため、事業リスクが高い戦略である。
・安易な多角化は、企業価値や経営効率の低下をもたらすとの反省から、選択と集中が重視されている。
・一方で、将来有望な成長市場の取り込みや、既存事業の成熟化リスク回避のためには必要な戦略対応。

製品・市場戦略における「多角化戦略（狭義）」は、図表１２－２に示すように、さらに四つのパターンに分類される。

図表１２－２　多角化戦略（狭義）の４パターン

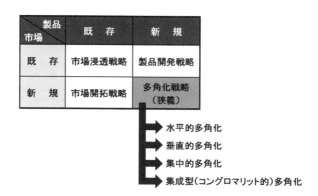

①水平的多角化：従来の製品・技術的に関係なく既存市場と類似の市場を対象とした多角化。販売・マーケティング面でのシナジーを期待できるが、市場ポテンシャルは低い。
②垂直的多角化：バリュー・チェーンの川上や川下機能への展開や、副産物の製品化による多角化。既存の製品や顧客とのシナジーが期待できる一方、元の事業が衰退した場合、多角化事業全体が衰退するリスクを負

う。

③集中的多角化：既存の市場（販売シナジー）・技術（生産シナジー）の
いずれかに関連ある分野への多角化。高い成長性を持つ新規分野に参入
することが可能。

④集成型（コングロマリット的）多角化：既存事業とまったく関係ない、
高い成長性が見込まれる分野への多角化。シナジーは期待できず高リス
クであるが、既存事業の成熟化に対するリスク回避には有効。

12.3　多角化戦略の実践

多角化戦略を展開するに当たっては、第7章の事業ポートフォリオ管理の
実践が大事になる。成長戦略で成功するためには、成熟事業領域から成長事
業領域への意図的な経営資源の再配分によって、成長市場における優越的な
ポジショニングの確立を他社に先駆けて目指すことが重要である。事業の
ポートフォリオ管理は、自社の意志に基づく戦略展開が可能なため、計画的
な成長を主導することが可能である。

成長事業領域に再配分する経営資源の確保は、単に他事業領域の余剰資源
に依存するだけではなく、撤退をも考慮したより積極的な再配分も必要であ
り、一般的には「選択と集中」と言われる。撤退領域の決定は、単に事業の
採算性だけで判断するのではなく、その事業において保有する組織能力やノ
ウハウといった競争優位要因の、他事業領域とのシナジーや補完的な関係性
によって判断する必要がある。

多角化戦略では、製品・マトリックス上の経路に対する検討も大事である。
一般的には、連続性のある経路が選択されることが多い。製品・技術基盤に
おける連続性を維持するのであれば、市場浸透戦略から市場開発戦略への展
開となる。顧客・市場基盤における連続性を維持するのであれば、市場浸透
戦略から製品開発戦略への展開となる。製品・技術的な資源の強み、あるい
は顧客・市場的な資源の強みのいずれかを活用した多角化のパスを選択する
ことが安全である。一方の資源的強み（例えば製品・技術的な資源の強み）
を活用した多角化事業で成功をおさめ他方の資源領域で新たな強み（例えば
顧客・市場的な資源の強み）を獲得した後に、次の段階ではもう一方の資源

第12章　多角化戦略　149

的強みを活用した多角化経路を選択することもできる（図表12−3）。

図表12−3　多角化の経路

①顧客・市場的な資源の強みを活用した多角化を展開した後に、
②製品・技術的な資源の強みを活用した多角化を展開する。

市場＼製品	既　存	新　規
既　存	①	
新　規		

市場＼製品	既　存	新　規
既　存		
新　規		②

①製品・技術的な資源の強みを活用した多角化を展開した後に、
②顧客・市場的な資源の強みを活用した多角化を展開する。

市場＼製品	既　存	新　規
既　存		
新　規	①	

市場＼製品	既　存	新　規
既　存		
新　規	②	

　資源的な強みを持たない不連続な「狭義の多角化戦略」の選択は、競争上不利であることが多く、一般的にはあまり勧められない。しかし、それまで世の中で知られていなかったまったく新規の製品・技術でそれまで存在しなかった完全に新たな市場を創造する狭義の多角化も、長期的なタイム・スパンでは必要である。世の中に革新をもたらす新たな産業が出現するためには、企業が自社の資源面での連続性に固執しすぎることなく、社会のニーズと技術の可能性を十分見極めたうえで、リスクを取って不連続な多角化にも挑戦する姿勢が必要である。

　ここでは、アンゾフの製品・市場マトリックスのフレームを用いた多角化のあり方を見てきた。しかし、第9章でみてきたように、戦略ドメインの定義では顧客セグメント（＝市場軸）と経営資源（製品・技術軸）に加え、第三の要素として顧客価値が大事である。エイベルは、事業の定義において、「製品・市場」という二次元概念では不十分で、それらに「顧客機能」という第三の次元を加える必要があることを説いた。エイベルの顧客機能という概念は、顧客価値とほぼ同義の概念である。

事業の定義における三次元構造を前提とすると、図表12-4に示すように、多角化経路も三次元で考えるのが妥当である。多角化を三次元で考えるに当たっても、(1)顧客層、(2)優位資源、(3)顧客機能（価値）の拡大をスパイラル的に実現するアプローチを心掛けることが重要である。

図表12-4　事業定義の3次元と多角化に関する考え方

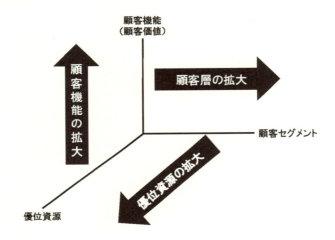

　この章の締めくくりとして、多角化した事業構造を持つ企業の組織について触れることにする。多角化戦略が有効であるためには、組織構造もそれにふさわしいものである必要がある。
　チャンドラーは戦略を「企業の長期的目標と目的の決定、行動指針の採用、目的を達成するために必要な資源の配分」と定義した。そして、戦略と組織に関して「組織は戦略に従う」という有名な洞察を後世に残した。これが意味するところは、「最良の戦略が策定されれば、その戦略を達成するのに最も相応しい組織構造を採用すべきである」ということであり、戦略が組織構造よりも先行して決定されるということである。戦略と組織は複雑に絡み合っていて、事業に関する戦略と組織戦略の相互作用が必要であることを示唆している。
　企業にとって成長拡大のための多角化戦略が重要であり、その帰結として一つの企業内で複数事業が展開されることが必然であるとすれば、多角化し

たそれぞれの事業は固有の特性があり異なる戦略対応が求められる。従って、多角化戦略を採用する企業では多角化した事業の分権的管理が必要となる。分権事業経営のための組織構造として、「事業部制組織」を採用することが求められ、事業部制組織の採用により多角化戦略は加速されるようになる。

規模の拡大と複雑性への挑戦が、コミュニケーションの進歩と経営統制技術と結びついて、新たな分権制のための組織構造として事業部制組織が誕生した。単一事業しか持たない場合の組織構造は機能別の分業体制が有効であるが、企業が成長しその事業構造が多角化することによって事業部制組織に移行することになる（図表１２－５）。

図表１２－５　事業の多角化と組織の構造

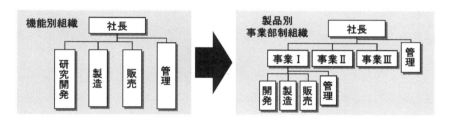

第13章
バリュー・チェーン改革

　バリュー・チェーン構造の設計とそれに基づく事業モデルの設計が事業戦略策定の要である。従って、成長戦略を追求する上でも、バリュー・チェーンを成長可能な構造に変革することが不可欠の対応となる。第13章では、バリュー・チェーン改革による成長戦略実践のあり方を検討する。

13.1　バリュー・チェーン改革の位置づけ

　バリュー・チェーン改革は「計画化が可能」な戦略であるという特徴があり、経営の意志を反映した「意図的な成長」を実現できるという意味において重要な成長手段である。バリュー・チェーン改革では、事業を業務プロセス・レベルから再設計することによって、ビジネス・モデル改革が実現する。
　バリュー・チェーン改革は、図表13-1に示す通り、他のあらゆる成長戦略手段の要として位置づけられる。成長戦略を実現するうえでは、何らかのバリュー・チェーン改革を伴うことが一般的であり、バリュー・チェーンの改革なくして成長戦略を実現することは考えにくい。

図表13-1　成長戦略に不可欠なバリュー・チェーン改革

第13章　バリュー・チェーン改革　153

　従って、成長戦略を追求するに当たっては、バリュー・チェーン改革に単独で取り組むというよりは、他の成長戦略視点と融合した取り組みが有効である。その際、バリュー・チェーンを再構築するために以下の視点を意識しておくことが有効である。

- ●顧客価値を生み出す機能の変化　⇒　新たな機能の取り込み、低付加価値機能からの撤退。
- ●機能が生み出す付加価値とコストの関係の変化　⇒　高付加価値・高収益機能へのシフト。
- ●川上・川下プレイヤーとの相対的な能力の変化　⇒　コア・コンピタンス領域への重点資源配分。

13.2　顧客価値の先鋭化とバリュー・チェーン改革

　顧客価値はバリュー・チェーンが機能することによって実現するので、より先鋭化した顧客価値を提供する事業に進化するためには、バリュー・チェーンもそれに合わせて進化させなければならない。バリュー・チェーンの改革は事業の進化にとって不可欠な対応である。

　提供する顧客価値を先鋭化するための一つのアプローチは、顧客がより本質的に求めている価値に接近することである。顧客の購買動機の根源にあるニーズを発掘し、それに訴求することで、顧客が求めるより本質的な価値に接近した事業に進化することができる。顧客機能の代行やワン・ストップ・サービス化といった顧客の利便性を高める対応も顧客価値の先鋭化の範疇に含まれるものであり、近年その重要性が高まっている。また、バリュー・チェーンの競争力を向上させる機能強化も、相対的な意味において、顧客価値の先鋭化につながるものであると解釈できる。バリュー・チェーンの競争力向上には、機能的な進化のみならず、それを支える資源の強化が大事である。

　一方で、顧客を取り巻く環境の変化により、顧客が求める価値自体も進化する。従って、顧客が持つニーズの進化に合わせて自社が提供する価値を進化させることが、提供する顧客価値を先鋭化するうえでのもう一つのアプ

ローチとなる。短期的な景気や嗜好の変化に追随するだけではなく、顧客が求める本質的な価値レベルに変化をもたらす世の中の大きな潮流を見極め、顧客の本質的な価値ニーズの変化を先取りした対応ができることが望ましい。

　また、バリュー・チェーンの構成要素における機能的な進化が起きると、新たな機能を活用することによる新たな顧客価値への訴求が可能となる。顧客が求めている価値に訴求するというのが、価値創造の原則的な考え方である。しかし、価値提供側における機能の進化が、新たな顧客価値ニーズを生み出すこともある。新たに実現したバリュー・チェーン機能を活用した顧客価値の先鋭化というアプローチも、否定されるべきものではない。ただし、このアプローチでは、あくまでもバリュー・チェーン機能の進化が顧客の価値ニーズに沿ったものであることが大前提となる。どんなに画期的な機能進化が実現したとしても、その進化に対する顧客側の受容性がないのであれば、それは価値創造の先鋭化にはつながらない。

　このように、顧客価値の先鋭化とバリュー・チェーンの改革とは表裏一体の関係にあり、相互が密接に作用しながらスパイラル的に進化を遂げるものである。（図表１３－２）。

図表１３－２　顧客価値の先鋭化とバリュー・チェーン

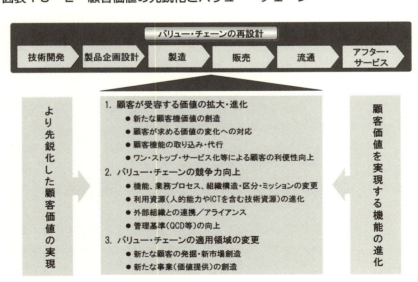

13.3 バリュー・チェーン改革の類型

バリュー・チェーンの改革は、それを構成する機能要素レベルの進化によって実現するものもあれば、機能要素間のつながり方や範囲の変更によって実現するものもある。ここでは、後者の視点を中心に、バリュー・チェーン改革の基本的な方向性に関する類型を整理する。

(1) 類型1：コア機能特化（オーケストレーター）

必ずしも提供する顧客価値自体が進化するものではないが、自社が強みを発揮できかつ付加価値の高いコア・コンピタンス領域の活動に特化し、その他の機能はアウトソーシングする。このことにより、特化した機能における専門性・効率性が高められ、バリュー・チェーン全体としての競争力が高まり、かつ自社の収益構造が改善することが期待できる。例えば、製造業では商品企画や開発等の高付加価値機能に特化し、製造やロジスティクス機能はアウトソーシングするファブレス対応がある。ただし短期的な効率性判断だけではなく、中長期での組織能力維持の観点から、特化すべき機能領域を選択する必要がある（図表13-3）。

図表13-3　コア機能特化（オーケストレーター）

(2) 類型2：垂直統合

コア機能特化とは逆に、バリュー・チェーンにおける川上や川下の付加価値活動を取り込むのが垂直統合である。完成品メーカーの直販体制への移行、原料・部品事業の取り込み等による一貫体制ビジネスといった例が古く

から知られている。最近では、SPA（製造小売；Specialty store retailer of Private label Apparel）という製造から小売までを統合した最も垂直統合度の高い新たな衣料品小売販売業態が注目されている。素材調達、企画、開発、製造、物流、販売、在庫管理、店舗企画などすべての工程を一つのサプライチェーンとして管理することで、全体のムダやロスを極小化するビジネス・モデルが完成した。顧客ニーズを的確にキャッチでき、かつ事業全体をコントロールできるというメリットがある。その一方で、拡大したバリュー・チェーンを統制するうえでのリスクや能力獲得面での困難性といったデメリットもある（図表１３－４）。

図表１３－４　垂直統合

（3）類型3：水平統合

　スケール・メリットを享受するために、バリュー・チェーンの特定の段階の付加価値活動を束ねて取り込むのが水平統合である。特定商品領域におけるOEM (Original Equipment Manufacturer) やODM (Original Design Manufactured)、構造不況業種における過剰設備の統合・再編といった例がある。OEMとは、他社ブランドの製品を製造すること、または製造する企業のことを指し、資源制約のある企業が外部の製造機能を活用することで商品揃えを充実させるための対応である。委託側にとっては、資源制約からの解放ないしより高付加価値領域への資源シフトが可能であるというメリットがある。受託側にとっては稼働率向上という大きなメリットが期待できる。ODMは相手先ブランドでの設計を含めた製造までを受託するもので、販売力・ブランド力が強い企業が設計時間・設計リソースを外部に求めることで、製品揃えを充実させるための対応である。OEM/ODMは委託する側にとっ

ても受託する側にとっても、機能補完の性格が強いので、双方にとってメリットが大きいスキームである。

　製造機能以外でも、共同物流・共同配送や共同仕入れといったスキームがある。水平統合は、社会的効率性の観点からも重要性の高い取り組みである。しかしその一方で、他社と機能を共有することになる水平統合は、他社機能に依存することで、自社の組織能力の喪失につながるおそれがある。これも他のバリュー・チェーンの組み換えと同様に、どの機能を自社で保有しどの機能を外部に依存するかは、中長期的な組織能力観点からの判断が大事である（図表１３－５）。

図表１３－５　水平統合

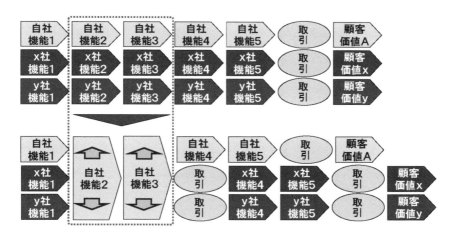

（４）類型４：　レイヤーマスター

　特定の付加価値活動に資源を集中し圧倒的に支配することで、複数の顧客に特定のバリュー・チェーン機能を提供するのがレイヤーマスターである。製造機能だけを請け負い、圧倒的な QCD 能力を提供する EMS(Electronics Manufacturing Service) が有名である。物流企業による３PL(3rd Party Logistics) もこれに該当する。レイヤーマスターは、最も得意とする特定のバリュー・チェーン機能領域に特化することで、圧倒的な機能優位を実現できる。徹底したスケール・メリットの追求（量産性、購買力、学習曲線）や

複数のユーザーへの対応による負荷平準化により、垂直的に伸びたバリュー・チェーン構造を持つ企業の追随を許さない機能効率が達成できる。また、コア機能に特化するオーケストレーターにとっては、固定費の変動費化、資産圧縮等のメリットが享受できるという補完的な関係にあるレイヤーマスターの存在は不可欠である。双方が共進化することで、社会における価値提供の効率性が高まることが期待される。しかし、オーケストレーターとレイヤーマスターとは補完的な関係にある一方で、中長期的にはバリュー・チェーン間での付加価値の奪い合いが発生する構造にもあることに注意する必要がある（図表13－6）。

図表13－6　レイヤーマスター

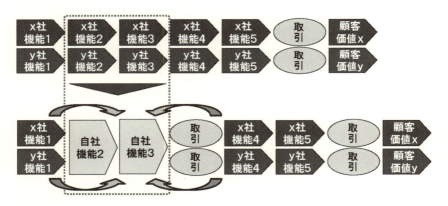

（5）類型5：複数の補完型バリュー・チェーンの統合

　異質で補完関係にある二つの事業のバリュー・チェーンを統合・融合することによる相乗効果を活かし、新たな顧客価値を創造する。M&Aによる成長を意図する場合には、このようなバリュー・チェーン統合が実現することが望ましい。キラープロダクト型バリュー・チェーンを持つ企業と顧客密着提案型バリュー・チェーンを持つ企業との経営統合により、ソリューション提供型バリュー・チェーンへの進化するといった例がある（図表13－7）。

図表13-7　補完的バリュー・チェーンの統合

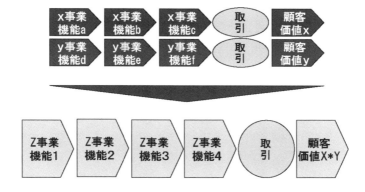

（6）類型6：提供価値が異なる複数のバリュー・チェーンへの分離

　異質な顧客価値を混在して提供しているバリュー・チェーン構造において、顧客価値に直結するバリュー・チェーンの組み合わせに分離することで、より先鋭化した新たなバリュー・チェーン構造を創出する。

　例えば、B2B型ビジネスとB2C型ビジネスのバリュー・チェーン構造が混在している企業を、B2B型のバリュー・チェーン構造とB2C型のバリュー・チェーン構造とに分離する、あるいはハード製造型ビジネスとサービス提供型ビジネスを併せ持つ企業を、ハード製造型バリュー・チェーン構造とサービス提供型バリュー・チェーン構造とに分解するといった取り組みが考えられる。分社化対応を含めた自律分権型組織へ移行する場合に多く見られる。ただし、事業間のシナジーに対する配慮は必要であり、単にバリュー・チェーンを分離すればよいというものではない（図表13-8）。

図表13－8　提供価値が異なるバリュー・チェーンの分離

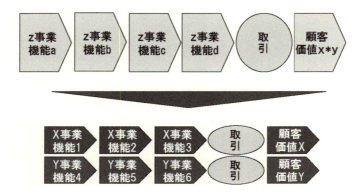

（7）類型7：訴求価値の改革

　同業他社とバリュー・チェーン機能における力点の置き方を大きく変えることで、新たな顧客価値を創造する。その際、キムとモボルニュによる「ブルー・オーシャン戦略」における新しい価値曲線を描くためのフレームワークが有効である（図表13－9）。

①業界標準と比べて価値レベルを大幅に減らすべき要素は何か：競合他社追随のために利益を圧迫している要因の削減。
②業界標準と比べて価値レベルを大胆に増やすべき要素は何か：顧客が強いられてきた不都合の解消。
③製品・サービスに備わっている要素のうち取り除くべき要素は何か：価値が低いにもかかわらず提供するのが当然視されている要素の除去。
④現在提供されていないが今後付け加えるべき要素は何か：買い手に斬新な価値をもたらす要因の追加。

図表13-9　訴求価値変更のためのバリュー・チェーン改革

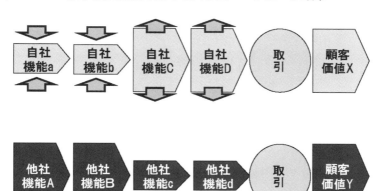

（8）類型8：ワン・ストップ・サービス化対応

　他社が提供していた機能を取り込み、顧客が必要とする価値を束ねてワン・ストップで提供する。ビル内昇降機の管理から、ビル内の空調管理も提供するように発展し、究極的にはビルの総合エネルギー管理を提供する等。顧客のさらなる利便性を考えるのであれば、ファシリティー・マネジメント全般を取り仕切ることでビルのライフタイム価値の最大化を実現することも考えられる。

　あるいは、ライフタイムを通じて変化する顧客価値に合わせて、提供する価値をも変化させることによって顧客に対するワン・ストップ化を実現するアプローチもある。幼少期の学習指導からはじまり、高等教育における外国語指導、社会人として必要な資格取得指導、さらには熟年世代に対する生涯学習の提供といったライフタイム価値提供による顧客の囲い込み等が考えられる（図表13－10）。

図表13−10　ワン・ストップ・サービス化のバリュー・チェーン改革

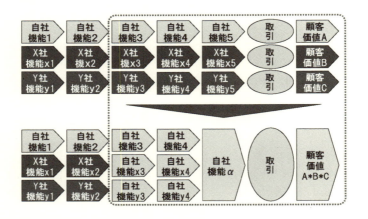

13.4　バリュー・チェーン改革の実践

　理想的なバリュー・チェーン改革を実現するためには、新たな顧客価値の実現に向けた事業コンセプトと事業モデルを新たなバリュー・チェーン構造へと機能展開する「トップダウン・アプローチ」を採るのが一般的である。しかし、このアプローチだけでは、非現実的で実現不能なバリュー・チェーン設計に陥る危険性もある。そのため、現状の業務・機能実態を考慮に入れた「ボトムアップ・アプローチ」を併用することが有効である。バリュー・チェーン改革は一般的には以下のような手順を経て実施される。ここに示す、トップダウン・アプローチに基づいて「あるべき姿（To Be Model）」を導出し、それをボトムアップ・アプローチである実態調査に基づく「現状の姿（As Is Model）」と照らし合わせて両者のギャップを分析する方法論は、経営システムの設計において広く使われる手法である。バリュー・チェーン改革に限らず、さまざまな局面で利用可能な方法論であることを知っておくと便利である（図表13−11）。

①ステップ1：将来実現したい顧客価値に基づく新たな事業コンセプトを確立する。

②ステップ2：新しい事業コンセプトを実現するビジネス・モデルとバリュー・チェーン構造を設計する。
③ステップ3：ビジネス・モデルとバリュー・チェーン構造の現状と将来実現したい「あるべき姿」とのギャップを分析する。
④ステップ4：ギャップを解消するための「戦略課題テーマ」と「業務改革テーマ」を抽出し、それらへの対応策を構築する。

図表13－11　バリュー・チェーン改革への取り組みフロー

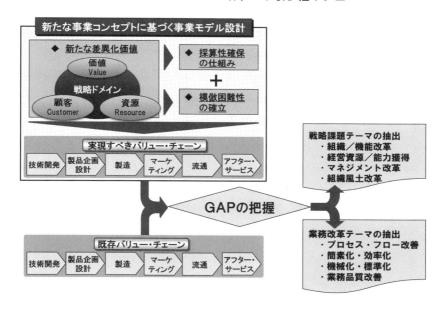

バリュー・チェーン改革では、顧客価値に直結する主活動領域に焦点が当てられる傾向にあるが、主活動のパフォーマンスに大きな影響を与える支援活動領域の業務・機能の再構築もそれに劣らず大事な取り組みである。支援活動領域のバリュー・チェーン改革の考え方は、主活動領域におけるバリュー・チェーン改革の考え方と原則的には同じであるが、大きく異なるのは直接的には顧客価値を生み出していないという点にある。即ち、支援活動領域のバリュー・チェーン改革では、直接的な顧客価値創造活動としての「あるべき姿」を導出するのではなく、顧客価値を創造する主活動領域のバ

リュー・チェーンが有効に機能できるための環境を提供するという観点からの「あるべき姿」を導出することになる。

では、支援活動領域のバリュー・チェーン改革の「あるべき姿」が何を目指せばよいのかといえば、それはコア・ミッションとしての戦略・企画機能の強化と、付帯ミッションとしての意思決定的処理やルーチン的業務処理の効率化・簡素化である（図表１３－１２）。

図表１３－１２　支援活動領域のバリュー・チェーン改革の目標

支援活動領域におけるバリュー・チェーン改革は、業務・機能レベルの改革にとどまらないのが一般的である。以下に示すマネジメント全般を視野に入れた改革として進められる必要がある。支援活動領域のバリュー・チェーン改革は、一般的には「本社機能改革」と呼ばれる。本社機能のあり方に関しては、第１７章のグループ経営戦略で再検討する。

①組織ミッション・機能の再定義：支援活動のユーザーに当たる主活動領域の組織に対する価値提供視点からのコア・ミッションの定義。
②計画体系の再構築：計画の階層構造（時間、組織・機能範囲）と計画間の連動性、策定プロセス等の適正化。
③意思決定過程の再構築：意思決定階層、意思決定レベル、意思決定プロセスの範囲、タイミング等の適正化。
④意思決定機関の再構築：会議体、責任・権限体制、意思決定支援ツール、情報サポート等の適正化。
⑤業績評価・管理制度の再構築：業績評価目的、業績評価対象、業績評価指標、業績評価結果活用方法等の適正化。

⑥組織間連携の再構築：業務分担、業務プロセス、責任体制と権限委譲等の適正化。
⑦人材管理制度の再構築：人材要件、資格制度・体系、能力開発制度、処遇体系等の適正化。
⑧組織活性度向上：組織全体、部門別の活性度調査に基づく課題領域の特定と対応。

バリュー・チェーン改革を加速するためには、改革前と改革後のバリュー・チェーンのパフォーマンスを評価できることが大切である。図表13-13に示すように、個別バリュー・チェーン機能要素ごとの費用が把握できることで、事業全体の利益を設計できるようになる。

図表13-13　バリュー・チェーンのパフォーマンス管理のイメージ

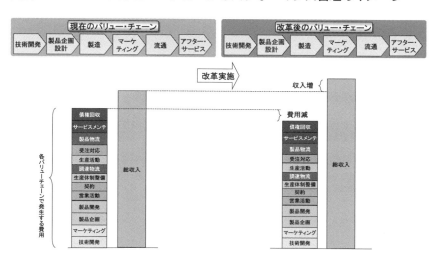

13.5　バリュー・チェーン改革における ICT 活用

バリュー・チェーン改革は、顧客に提供する価値の改革が起点となるべきものであり、単純な QCD レベルの改善にとどまることなく、顧客価値の増大への寄与が求められる。顧客価値の増大を実現するためには、ICT を有

効に活用する取り組みが不可欠である。

　バリュー・チェーン改革において ICT を有効に活用するためには、時間的・空間的な制約要因の解消（ユビキタス性・リアルタイム性）、人間の能力を圧倒的に超える情報処理能力（ビッグ・データ処理、複雑環境の制御）、情報処理品質・精度・信頼性の飛躍的な向上等の競争優位性の強化につながる ICT の本質的な特性を理解しておく必要がある。

　ICT の本質的な特性を理解したうえで、新たな ICT の適用可能領域を探索する必要がある。ICT の適用は、個別のバリュー・チェーン要素における競争優位性の強化を目指したものもあれば、バリュー・チェーン要素間の連結（最適化と調整）における競争優位性の強化を目指したものもある。また、ICT の活用は、顧客価値に直結する競争優位性の強化を目指したものもあれば、顧客には直接認識されないが顧客価値の提供を間接的に支援する競争優位性の強化を目指したものもある。

　ICT をバリュー・チェーン改革に適用するに当たっては上記のような認識を持ち、さらにそれらがどのような競争優位の発現形態を促すのかを理解する必要がある（図表１３－１４）。

図表１３－１４　ICT 活用による競争優位の発現形態

	競争優位の発現形態
1	◆ 業務処理の迅速化、効率性・品質向上 ● 業務改革によるコスト削減、ビジネス・プロセス・アウトソーシング（BPO） ● グローバル・サプライチェーンの最適運用
2	◆ 機械化・自働化対応領域の拡大 ● CAD/CAM、自動化ラインの更なる高度化によるコスト削減、品質向上、多品種対応 ● レイヤーマスター型ビジネス・モデル（EMS等）への移行
3	◆ 情報共有化・知識共有化が可能な範囲の拡大 ● 製品開発におけるイノベーションの促進、リードタイム短縮 ● オーケストレーター型、垂直統合型や協創型ビジネス・モデルへの移行
4	◆ これまでは知ることのできなかった新たな知識の獲得 ● 膨大なテキスト情報解析に基づく新たなニーズ発掘・創造 ● 開発における実験代替のシミュレーション
5	◆ 新たな顧客価値の創出・顧客満足の提供 ● One-to-one型ビジネス・モデルの高度化 ● 顧客の業務プロセス代行型ビジネス・モデル（3PL等）への移行

第14章

イノベーションによる新たな顧客価値創造

　イノベーションは技術革新と同義に捉えられることが多いが、実はそれに限られるものではない。異質なものが結合し、それまでの方法を画期的・革新的に変えることすべてがイノベーションである。製品技術のイノベーション、製造技術のイノベーション、ロジスティクスや商流のイノベーション、ビジネス・モデルのイノベーション等、さまざまな領域におけるイノベーションがある。成長戦略には多様な方向性があるが、それらはイノベーションを伴うことで実現することも多く、他の成長戦略とイノベーションは相補的な関係にある。

　成熟化社会を活性化するためには、企業がイノベーションを実現することで成長を促進することがとても大事な取り組みとなる。この章では、知識創造を加速して、イノベーションによる成長の可能性を高めるための対応について整理する。

14.1　イノベーションによる成長の重要性

　企業が成長を遂げるための手段は多様であり、時代環境との適合性もある。経済が成長段階にある社会では、経済の成長と同期した成長が有利である。市場の自然な成長が期待できる環境下では、市場の成長に合わせた供給力を持つことがまず必要とされる。大量生産による効率化やスケール・メリットを他社よりも優位に進める必要がある。しかし、経済・市場の成長が鈍化し競合が激化する環境下では、量的な供給能力だけではなく製品・サービスの質的な差異化によってシェアを拡大することが必要となる。経済・市場がさらに成熟化し、さらには衰退するような環境下では、顕在的なニーズにいくら訴求しても成長は期待できない。

日本をはじめとする先進諸国では、経済や市場の自然増が期待できる分野は限られており、ほとんどが成熟化した状況にある。このような成熟化社会における事業では、破壊的なイノベーションにより経済全体を再活性化する対応が必要となる。イノベーションが起きることで新たな顧客価値が誕生し、新たな市場が創造されることによる成長が実現する。成熟化した社会を活性化するためには、企業が積極的にイノベーションを追求することで成長を実現することが何よりも必要とされる。社会環境に適応した企業の成長戦略のあり方を図表１４－１に示す。

図表１４－１　経済・社会環境と企業の成長戦略の適合

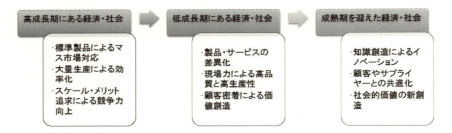

　しかし、イノベーションには知識創造を伴うものであり、不確実性も高いため、他の成長戦略に比べ計画的に実現することが困難であり、かつリスクも高い。しかし、イノベーションに成功すれば大きなリターンが期待できるので、不確実性に対するリスクを過度に恐れずにそれを積極的に取ることも経営としての大事な意思決定となる。

14.2　イノベーションと知識創造

　イノベーションは不確実性を伴いリスクがあるが、その成功確率を高めることは可能である。イノベーションの源泉は組織の知識創造能力であり、イノベーションによる価値創造は見えざる資源である「無形資産」に大きく依存する。従って、イノベーションを加速する経営では、無形資産の蓄積を心掛ける必要がある。無形資産は、図表１４－２に示す構造と構成要素を持つと考えられている。

図表14-2 無形資産の構造と構成要素

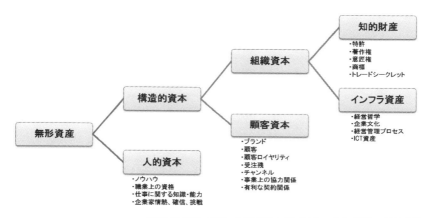

(出所: Edivinsson and Malone (1997), Intellectual Capital, Harper Collins Publishersをもとに作成)

　知識創造に関する理論的なフレームワークとしては、野中による知識創造プロセスとしての SECI(Socialization, Externalization, Combination, Internalization)モデルが有名である(図表14-3)。

図表14-3　知識創造と SECI モデル

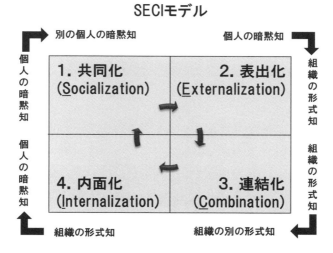

知識創造プロセスは個人知と組織知、暗黙知と形式知との間を循環するものとして捉えられる。

①共同化 (Socialization)：ある個人に蓄積された経験や勘によって支えられている知識・ノウハウが、他の個人に言語化されないまま「暗黙知 (tacit knowledge)」として共有化（＝共同化）される。
②表出化 (Externalization)：個人に蓄積された暗黙知が、マニュアルやルール等の言葉や図・表として組織の中で「形式知 (explicit knowledge)」として共有・表出化される。表出化された形式知は、暗黙知よりもコミュニケーション効率に優れる。
③連結化 (Combination)：形式化され組織内で共有化された組織知は、他の形式知と結びつき、体系化されることで新たな組織知に進化する。小集団や組織を超えた広い知識の共有を実現できる ICT の活用が有効である。
④内面化 (Internalization)：体系化された組織知を個人が学習することを通じて新しい行動に発展し、新たな経験が蓄積されることでノウハウやコツといった新たな個人の暗黙知が形成される。身体知化ともいう。
⑤新たな暗黙知が次の共同化に進むことで、知識創造スパイラルが継続する。

イノベーションを計画化したり、管理したりすることは困難であるが、SECI モデルを前提とすれば、イノベーションが加速する経営環境を整備することは可能である。知識創造は個人知と組織知の相互作用により高められるという特性があるので、トランザクティブ・メモリー化（記憶の分業化）が促進される環境を整備する必要がある。まずは個人が自律的に知識を高めることができるように自然発生的な知識の獲得が許容される環境が必要とされる。次に、個人知が組織知となるためには、知識を共有する文化があるのと同時に、知識共有のための人々の深い交流の場が提供されなくてはならない。異質な知識の融合を促進するためには、企業組織内部の知識連携に限られることなく、外部組織との連携も含めた相互作用が可能であることが望ましい。連続的なイノベーションを促す知識創造のフレームを図表１４－４に

示す。

図表14-4　連続的イノベーションのフレーム

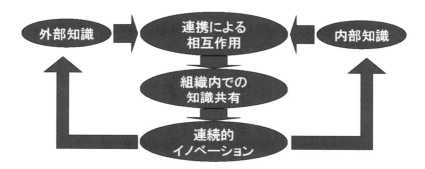

　日本企業の経営環境は、以下の点において知識創造に適していると考えられ、本来的にはイノベーションを創出するポテンシャルが高いといえる。

- 形式化・論理化前のノウハウや暗黙知、主観に基づく洞察力から始まる知識創造プロセスに対する理解がある。
- 組織の構成員全員が組織目的にコミットし、単なる情報の共有化・統合化を超えた組織内のダイナミックな相互作用が発生する余地が高い。
- リジッドな分業化よりも多能工化を指向する傾向が高く、協創による知識の形成が促進されやすい。

14.3　イノベーションの加速と阻害要因の排除

　イノベーションとは「異結合」のことであり、すでに存在している知と別の知を組み合わせて新たな知を生み出すことである。今までにない全く新たなものを創造すること、同じものを異なる方法で創造すること、新しい組み合わせを試みること等がイノベーションの例である。企業が革新的な技術、商品、事業モデルを生み出すためには、イノベーションを創出しやすくする組織の条件を満たす必要がある。イノベーションを創出するための組織の条件を図表14-5に示す。

図表１４－５　イノベーションを創出するための組織の条件

適度に幅の広い知識	知の探索と深化のバランス	多様な人材の結びつき
●組織の知が多様性に富んでいること。 ●幅広く知識にアクセスできること。 ●ただし、組織が持つ知識のキャパシティーを超えないこと。	・知の深化に偏り知の探索がなおざりになるのを避けること。 ・コンピテンシー・トラップを避けるための組織体制・ルールや仕組みを構築すること。 ・知の幅と深さの相互補完関係を理解した企業文化を形成すること。	・信頼関係を基礎とする人と人との深い結びつきメリットを理解すること。 ・人間のクリエイティビティに必要な弱い結びつきによるメリットを理解すること。 ・情報の流れのハブ機能やストラクチュアル・ホールに恵まれた人材を確保すること。

イノベーションの創出

　イノベーションが創出されやすい組織の第一の条件は、「ほどほどに幅の広い知識を持つこと」である。組織の知が多様性に富んでいること、幅広く知識にアクセスできることがイノベーションの創出には有利である。しかし、逆に組織のキャパシティーを超えた極端に範囲の広い知識の存在は、知識創造の効率を妨げる。カティーラとアフージャによるロボットメーカーの研究によると、企業の知の幅が広くなるほど新しい特性の付加された製品を生み出しやすくなるが、知の幅がある限度を超えて広がるとマイナスの効果を持つことが明らかになった。

　また、最近の先端的な技術領域を対象とする事業では、オープン・イノベーション戦略（＝提携、共同研究、技術ライセンシング）を採ることが広く行なわれている。日本企業は組織内部の知識連携は得意であるので、さらに外部と内部の知識が相互連携できるオープンな知識高度化プロセスに対してより積極的に取り組むことで、知識創造環境はさらに向上することが期待される。その際、自社の知の範囲とパートナー企業の知の範囲の関係が広くなり過ぎないように注意することが重要である。

　イノベーションが創出されやすくなる組織の第二の条件は、知の探索（exploration）と知の深化（exploitation）のバランスを取ることである。知の探索とは、知の範囲を広げるために新たな知を探す行動のことである。ま

た、知の深化とはすでに持っている知識や同質の知に改良を加え、それらを深めて活用することである。知が深化することによりイノベーションがもたらされるが、知の深化に偏りすぎて知の探索がなおざりになる「知の近視眼化（myopia）」傾向は避けなければならない。従来専門とする領域外で知の探索を行なうのは負担が多く困難であり、時間と費用が掛かる割に成果が不確実である。事業で成功し業績が好調な時ほど、既存技術の改良・改善にばかり注力して知の探索が怠りがちになる。しかしそのような対応では、中長期的にイノベーションが停滞してしまう「コンピテンシー・トラップ」という弊害に陥る危険性がある。

　コンピテンシー・トラップを避けるためには、知の深化ばかりを重視して知の探索を怠る組織の体制・ルールや仕組みを変更し、組織として「知の探索」と「知の深化」を高い次元でバランスよく進める「両利きの経営」を実現する必要がある。両利きの経営は、知の探索と深化のバランスを考慮した知のポートフォリオを意識し、知の幅による効果と深さによる効果は相互補完関係にあることを理解した企業文化を形成するための従業員に対する積極的な意識づけを行なうことで実現する。

　イノベーションの創出に関する第三の条件としては、人材の多様化が挙げられる。異なる知識・経験を持つ人材が相互に影響し合うことで新たな知識が創造され、イノベーションが加速する。クローズドな環境を前提とするのであれば、多様性のある人材の確保策や、組織が抱える人材の流動性確保が課題となる。しかし、オープンな環境下での知識創造を前提とするのであれば、知識創造に関与する人間ネットワークにおける関係性が重要になる。

　組織のパフォーマンスは、信頼関係を基礎とする人と人との深い結びつきによって高められる。人と人とが関係性を持つことで便益を生み、人と人との関係性自体が資本になることを「ソーシャル・キャピタル」と呼ぶ。しかし、グラノベッターやペリースミス等の研究からは、知識創造には「深く強い結びつき」よりも「弱い結びつき」が有利であるという結果が得られている。有用な情報の多くはちょっとした知り合いから得られることが多いので、弱い結びつきのほうがネットワーク全体の効率性が高いからである。逆に、強い結びつきで構成されたネットワークは、作るのが困難なうえ、情報伝達ルートが限られるため、非効率につながる。人間のクリエイティビティ

は多様な情報・知識へのアクセスを必要とするので、弱い結びつきのネットワークのほうがより幅広く多様な知識に効率的にアクセス可能となり有利である。しかし強い結びつきは情報が同質化する危険性が高い。

　知の深化を目指すうえでは、一つのテーマについて深く情報を得ることが求められるので、強い結びつきが有利である。成熟化した領域では、知の探索よりも深化を求める度合いが強く、強い結びつきが指向される傾向が強まる。また、暗黙知の形式知化においても、強い結びつきが有利であるとされている。

　知の探索を行なう必要が高い組織では、多様な情報を効率的に集めることが求められるので、弱い結びつきが有利となる。環境変化が激しく不確実性が高い領域においては知の探索が大事なので、弱い結びつきが指向されることになる。イノベーションとは異結合であるので、弱い結びつきを多く持つことが有利である。人材的には、図表14－6に示すような、情報の流れのハブ機能を果たす人材やストラクチュアル・ホール（構造的な隙間）に恵まれている人材を持つことが求められる。

図表14－6　ストラクチュアル・ホールを持つハブ人材

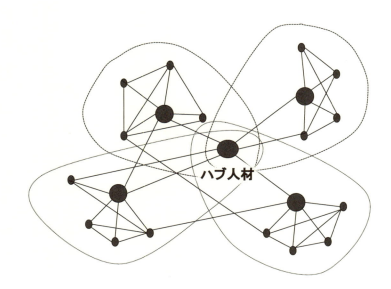

第15章
国際事業展開とBOP市場対応

　海外市場への進出は、成長戦略の大事な視点である。特に成長ポテンシャルが高い新興国市場への進出とその深耕は期待値の高い成長戦略であるといえる。しかし、国際的な事業展開には、国内事業とは異なる各種の要因を考慮する必要がある。特に成長余力の高い新興国市場での事業展開は、先進国市場に対してタイムラグを持つ市場と解釈するのは間違いであり、先進国における既存の成熟型ビジネス・モデルをそのまま新興国市場に横展開することでは成功は期待できない。新興国市場に適した新たな事業モデルを確立することが求められる。しかし、新興国市場に適した事業モデルは、必ずしもこれまでの日本企業の優位性が発揮できるものであるとは限らない。新興国市場を主ターゲットとした国際事業展開には、新たな組織能力構築が必要となる。

　第15章では、最初に国際事業展開に関する基本的な理論を確認したうえで、成長ポテンシャルが高い新興国市場における主戦場となるであろうBOP (Bottom of Pyramid) からMOP (Middle of Pyramid) といわれる市場の特性を見極め、事業展開のあり方とそのための能力構築について整理する。

15.1　国際事業展開に関する理論

　企業が事業を国際的に展開するには、一般的に図表15－1のような発展段階がある。最初に海外市場にアクセスする時は貿易取引による輸出対応であることが多い。次の段階でみられるのが、コスト競争力を高めるためのオフショア生産対応である。安価な労働力を求めた工場の海外移転対応である。あるいは、海外市場の成長が見込まれる場合には、現地市場対応のためのチャネル整備が行なわれるようになる。オフショア進出した工場から、現地

市場に対応するというパスも当然あり得る。このような段階を経た後に、最終的には海外の諸地域への適合とグローバル統合を両立する事業モデルに進化する。国際事業展開が進んでいる多くの企業でも、地域適合とグローバル統合とが完全にできるまでには発展できていないのが実態である。

図表15-1　国際事業の発展段階

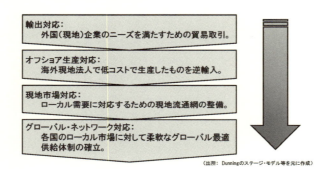

（出所：Dunningのステージ・モデル等を元に作成）

　国際事業の発展段階とは別に、ポーターによると事業を国際市場に展開するうえでは典型的な二つの戦略類型が存在する。事業の国際展開においては、世界を単一の市場とみなしグローバル統合を重視するグローバル戦略展開か、それぞれの地域の個別の市場特性への適応を重視するマルチ・ドメスティック戦略展開のいずれかを選択しなければならないという考え方である。図表15-2にグローバル戦略とマルチ・ドメスティック戦略の特性を比較する。

図表15-2　国際事業展開における2つの戦略類型

	グローバル戦略	マルチ・ドメスティック戦略
戦略単位の認識	世界全体が単一の戦略単位	各国の個別市場が戦略単位
競争行動	グローバル・レベルでの競争対応	各国市場ごとの競争
マーケティング戦略	標準化された製品	各国市場個別に計画された製品
バリュー・チェーン	世界の最適地で展開	各国・地域別に完結的に展開
組織マネジメント	本社による現地法人コントロール	各現地法人への大幅な権限委譲

（出所：ポーターの「グローバル企業の競争戦略」を元に作成）

ポーターは国際事業展開するにあたっての戦略単位に注目して、グローバル戦略とマルチ・ドメスティック戦略を提唱した。それに対して、バートレットとゴシャールは、国際事業展開する企業の親会社と現地子会社の意思決定権限の所在に注目した理論を展開した。国際的な事業展開を行なう企業では分権化と集権化の二つの力が働くので、(1)グローバル統合度の高低と、(2)ローカル適合度の高低という二軸によって作られる、合計４つのセルに基づく国際事業類型を提唱した（図表１５－３）。

図表１５－３　グローバル統合とローカル適合

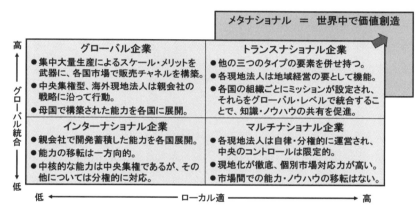

（出所：バートレット＆ゴシャール、ドーズを元に作成）

- インターナショナル企業：グローバル統合度とローカル適合度の双方がともに低く、中核的能力のみを親会社で開発し各国に能力移転するタイプ。
- マルチナショナル企業：グローバル統合度は低いがローカル適合度が高く、現地の個別市場環境に自律・分権的に取り組むタイプ。
- グローバル企業：グローバル統合度は高いがローカル適合度が低く、グローバル市場に対する中央集権的な対応を行なうタイプ。
- トランスナショナル企業：グローバル統合度とローカル適合度の双方がともに高く、各国の組織の自律的な活動ノウハウがグローバルに共有化されるタイプ。

ドーズは、トランスナショナル企業の考え方をさらに発展させた「メタナショナル経営論」を提唱した。世界中で価値創造を行ない、地域の自律的な活動によって蓄積した知識がグローバルに共有されるというのがメタナショナル企業である。

グローバル統合とローカル適合の二軸に関して、発展段階的なパスが定められているものではない。しかし、トランスナショナル企業、ないしメタナショナル企業が将来目指すべきポジションとしては妥当であると考えられる。日本企業は、意図したわけではないが結果としてマルチナショナル企業のポジションにあることが多い。マルチナショナル企業が将来トランスナショナル企業に転換するためには、一度グローバル統合度を高めたグローバル企業のポジションを経た後にトランスナショナル企業に至るというパスを採ることが望ましいと考えられる。

多角化した事業構造を持つ事業別組織体制の企業では、本社と現地法人の権限関係に加え、本社（や地域本社）が持つ職能的権限と、分権事業部門に委譲された権限との関係も考慮する必要がある。多角化した事業構造を持つ企業の国際事業展開では、⑴分権事業部門の権限と、⑵本社の職能権限という二つの権限関係のバランスも合わせて考慮する必要がある（図表１５－４）。

図表１５－４　本社と分権事業組織の権限関係

	弱 ← 本社の権限 → 強	
強 ↑ 事業部門の権限 ↓ **弱**	**事業連結強化型** ●分権事業組織の責任・権限が明確。 ●事業間での連携よりも、事業スルーでの戦略マネジメント・コントロール体制を実現することが優先。	**グループ・シナジー追求型** ●個別事業ごとの強い戦略マネジメント・コントロールと本社による全体最適が両立。 ●グループ資源活用によるシナジーの発揮。
	機能別単体経営型 ●事業構造が単純、かつその競争優位要因が安定している。 ●個別機能組織がそれぞれの役割を適正に果たすことで業績は確保される。	**制度連結対応型** ●事業別戦略の高度化よりも、グループ内機能の連携に対する優先度が高い。 ●本社がグループ全体を統括することで業績を確保。

●機能別単体経営型：本社の権限も事業部門の権限も強くなく、単純な事業構造で機能別組織の活動に大きく依存した事業運営。

●制度連結対応型：本社権限は強いが事業部門の権限は弱く、本社がグループ全体の活動を統括することで機能間の連携が図られる。

●事業連結強化型：本社権限は弱いが事業部門の権限が強く、グローバルな事業一貫体制が実現している。

●グループ・シナジー追求型：本社の権限も事業部門の権限もともに強く、個別事業ごとの自律的な活動が担保されたうえで、グループとしてのシナジーも追求できる。

これまでの議論を踏まえ、国際事業展開を類型化するために、(1)戦略の基本的な方向性と意思決定権限のあり方と、(2)ターゲット市場のあり方という二つの要因を考慮する。さらに、生産財（B2B）ビジネスに関しては、顧客の調達行動パターンも需要な要素となるので、(3)調達における取引関係と、(4)調達機能の配置という二つの要因を考慮する。

①戦略の基本的な方向性と意思決定権限のあり方
　　・グローバル戦略＋グローバル統合的意思決定権限
　　・マルチ・ドメスティック戦略＋ローカル適合的意思決定権限
②ターゲット市場のあり方
　　・先進国を中心とするハイエンド市場
　　・新興国を中心とするマス市場
③調達における取引関係
　　・オープンな調達行動を志向するモジュラー型のアーキテクチャ企業
　　・クローズドな調達行動を志向するインテグラル型のアーキテクチャ企業
④調達機能の配置：
　　・本社によるグローバル集中購買
　　・各現地法人によるローカル購買

四つの要因を考慮して国際事業展開に関する事業モデルの基本類型を整理

すると、次の図表１５－５に示す８類型が考えられる。

図表１５－５　国際事業モデルの基本類型

対象とする市場		グローバル戦略 グローバル統合	マルチ・ドメスティック戦略 ローカル適合
先進国を中心とする ハイエンド市場		・製品の差異化によるグローバルなブランド価値の確立	・各国市場におけるハイエンドな嗜好・ニーズの発掘・対応力
新興国を中心とする マス市場		・グローバル標準化によるシェア獲得 ・モジュール的な製品戦略、グローバル調達能力	・ローカル商品の企画開発能 ・ローコスト・オペレーションの徹底
B2B	オープンな 調達行動	・グローバル本社調達に通用するモジュラー型の提案力 ・グローバルSCM展開力	・ローカル調達対応のマルチ・ドメスティックなモジュラー型提案力 ・域内SCM展開力
	クローズドな 調達行動	・本社集中購買に対応した顧客密着による共同開発提案	・顧客のローカル調達に対応した共同海外進出

　基本類型の中で、これまで日本企業が強みを発揮してきた領域は、(1)先進国を中心とするローカル適合のハイエンド市場と、(2)クローズドな調達行動を採る日系企業向け取引という二つの類型の事業である。しかし、次節で述べるように、これから成長が期待できるのは新興国のBOP～MOP市場である。またB2Bのビジネスにおいては、グローバル市場で確固たるポジションを持つのはオープンな調達行動を採る外国企業であるケースが多い。従って、今後日本が国際市場における成長ポテンシャルを取り込むためには、従来の強みを超えた組織能力を獲得する必要がある。

15.2　BOP市場対応のビジネス

　国際事業におけるターゲット市場は二つに大別され、それぞれで異なる組織能力が要求される。図表１５－６に二つのターゲット市場の比較イメージ図を示す。日本企業が得意とするのは先進国を中心とするハイエンドからアッパー・ミドルの市場である。しかし、新興国ではミドルからローエンドにかけてのマス市場が中心となる。

図表15-6　先進国市場と新興国市場の比較（イメージ）

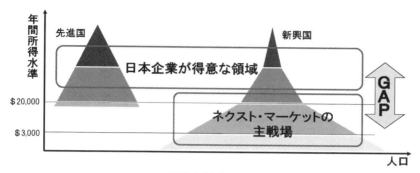

（出所：Prahalad「ネクスト・マーケット」、国際金融公社等による資料を基に作成）

　これからの事業では新興国市場が有望視され、そこでの主戦場（＝ボリューム・ゾーン）となるのは、BOP〜MOPといわれる年間＄20,000以下の所得階層である。ちなみに、年間の所得が＄20,000を超える高所得層は全世界の5％程度に過ぎず、一方では＄3,000に満たない貧困層が7割を占めるといわれている。

　新興国における主戦場となるBOP〜MOPの市場では、低所得階層に適した徹底した低価格・低コストに耐えられるビジネス・モデルを確立する必要がある。新興国市場で優位性を獲得するためには、従来日本企業が得意とする市場領域とは全く異なる組織能力を構築することが要求される。製品仕様の企画・開発にはじまり、調達・製造、マーケティング、金融、サービスといったあらゆるバリュー・チェーン機能を新興国市場の所得水準とニーズに合わせる必要がある。そのためには、製造機能や販売機能の現地化にとどまらず、製品の企画・開発機能や調達先を含めたトータルな現地化やグローバル・サプライチェーン構築を実現しなければならない。それには、これまでの日本企業の強みであった組織能力や文化までも一旦は否定し、新たな組織能力と文化を作り上げる覚悟が必要である。

　しかし、このような変貌を遂げることに抵抗を持つ企業が多いのが実態である。強みがなく採算性が疑問視されるBOP〜MOP市場で不利な闘いを展開する必要はなく、規模的には相対的に小さくても日本企業の強みが活か

せる「新興国のハイエンド市場だけをターゲットにした国際事業展開でもよいのではないか」という考え方も根強くある。

　ニッチ市場のトッププレイヤーの位置を確保するという戦略も確かに存在する。しかし、日本企業がそのような戦略ばかりに固執することは、世界の成長を取り込むことができないことを意味する。ハイエンドのニッチ市場で生き残ることができる企業の数は限定されるのみならず、中・長期的にはBOP〜MOP市場というマス市場を押さえた企業によってハイエンド市場が侵食されるという危険性が待ち受けていることも想定される。マス市場で支配的な地位を確立した企業が持つ顧客基盤やサプライチェーン能力を、ハイエンド市場の獲得に活用することでハイエンド市場における先発企業の優位性を無力化できる可能性は低くない。

　また、ハイエンド市場のプレイヤーは、ローエンド市場プレイヤーからの追い上げに対して脆弱性を持つ。クリステンセンが指摘した「イノベーションのジレンマ」である。ハイエンド市場を対象とした技術が肥大化してユーザーが求める以上の過剰な水準にまで進化するのに対して、ローエンド市場を対象とした破壊的技術がハイエンド市場のニーズに追いつくことによってハイエンド市場が浸食されるという考え方である（図表15-7）。

図表15-7　イノベーションのジレンマ

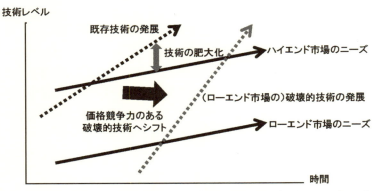

（出所：クリステンセン、「イノベーションのジレンマ」）

　市場の成長に合わせたローエンド市場からよりハイ・エンドな市場へのシ

フトは比較的容易であるが、ハイエンドからロワー市場への展開は一般的には困難である。従って、イノベーションのジレンマを避けるためには、ローエンド市場における事業展開が必要となる。

また、BOP市場には、従来の市場に見られるような「S字」の成長カーブではなく、急激な立ち上がりを見せる「I字」の成長カーブを描くという特徴がある。ハイエンド市場のみを対象にした事業を展開するプレイヤーには、BOP市場の急速な立ち上がりポテンシャルというものに対する脆弱性もある。BOPのローエンド市場は急激に成長しハイエンド市場に接近するが、その際ローエンド市場で囲い込まれた顧客は市場が成長してもハイエンドのプレイヤーの顧客へのスイッチが起きにくい。一方で、ローエンド市場のプレイヤーにとって、市場の進化に合わせて事業特性や組織能力を進化させることでハイエンド市場の顧客を取り込むことは、それまでにローエンド市場を対象に整備した事業インフラが有利に働くので、比較的容易である（図表１５－８）。

図表１５－８　急成長・進化するポテンシャルを秘めるBOP市場

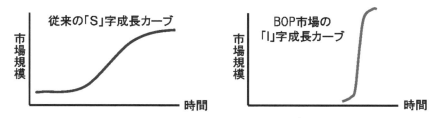

（出所：M. S. Banga, CEO, HUL　Prahalad「ネクスト・マーケット」を元に作成）

全ての企業が新興国の主戦場であるBOP～MOP市場をターゲットにする必要はないが、グローバル・プレイヤーとして主導的なポジションを確立するのであれば、BOP～MOP市場対応は不可欠である。成長戦略の実現は、世界に対する価値提供での貢献度合いを高めるという意義があり、そこで働く従業員のモチベーションを高揚する大きな要因にもなるので、グローバル市場での成功シナリオを描ける企業が一社でも多く出現することに期待したい。

15.3 国際的な事業展開の課題

　日本企業は多くの強みを持つが、国際事業展開で成功するためには多くの課題もある。第一の課題領域は、ハイエンド市場における有力なプレイヤーであるがローエンド市場プレイヤーからの追い上げに対して持つ脆弱性である。それは、ローエンド市場の破壊的技術によるハイエンド市場の浸食に対する脆弱性と、高成長が期待されるローエンド市場の顧客がローエンド市場のプレイヤーによって囲い込まれてしまうことに対する脆弱性である。また、日本企業の多くは現在クローズドな調達行動を採るユーザーを対象とした事業での優位性を持つが、その強みが持つ脆弱性が第二の課題領域である。想定される二つの脆弱性を克服するためには、今後の国際事業展開対応に関するグランド・デザインを新たに描く必要がある（図表15－9）。

図表15－9　日本企業の国際事業展開上の課題領域

◆ 課題領域1：BOP（ローエンド）市場対応における脆弱性
- ローコスト・オペレーションを実現するための組織能力が不足していることによる急成長市場対応における脆弱性。
- ローエンド市場の破壊的技術によってハイエンド市場の技術が浸食されることに対する脆弱性。
- ローエンド市場対応力がふそくすることによりローエンド市場顧客が他社に囲い込まれてしまうことに対する脆弱性。

◆ 課題領域2：クローズドな調達行動のユーザー適応という脆弱性
- 国際B2Bビジネスの主要顧客である日系企業の調達行動のオープン化という変化。
- 国際市場における中心的なプレイヤーであるオープンな調達行動を採る外国企業を顧客として本格的に取り込むことに対する脆弱性。
- 今後国際市場ではクローズドな調達行動を採る企業はマイナーな存在になることが想定されるという脆弱性。

◆ 今後の国際事業展開上の脆弱性に対応した事業転換に関するグランド・デザインが必要。

　日本企業が国際事業展開の脆弱性を克服するためには、図表15－10に示す方向での対応が必要である。日本企業は意図した結果としてではないが、「マルチナショナル型」の国際事業展開が多い。目指すべき究極の姿は、強い「個」の事業が連携する「メタナショナル型」であるが、そこに至る発展

段階として、「グローバル型」を実現するというステップを経るのが望ましい。また、現状では、本社の関与度合いが相対的に低く、現場事業部門任せの傾向が強かったが、メタナショナル型企業を実現するうえで、本社権限を強めた「グループ・シナジー追求型」に移行するステップを目指すことも重要である。

図表１５－１０　脆弱性克服の方向性

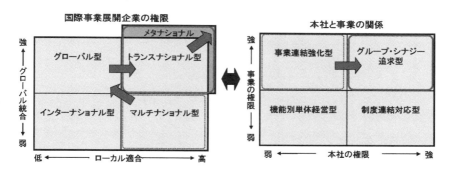

　グループ・シナジー追求型のトランスナショナル企業を目指すことにより、ローエンド市場で創出した知識に基づくイノベーションと、ハイエンド市場で創出した知識に基づくイノベーションとを融合することができるようになる。二つの異なる特性を持つ事業のシナジーを追求することで、日本企業の従来の強みを活かしつつ、成長ポテンシャルの高い新興国市場の BOP ～ MOP 対応事業における強みを構築できるようになることが期待される（図表１５－１１）。

図表15-11　メタナショナル型のイノベーション伝播イメージ

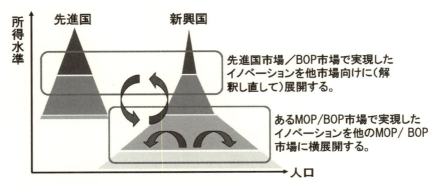

　日本企業のこれまでの強みの原点は「共同体同調規範・共同体存続規範」の社会制度と「統合志向」の思考様式に根差したものであり、それが次のような優位性をもたらしている。

- 協働と協調による強い現場力。
- 多能工による組織運営の効率性、不確定要因に対する柔軟性。
- PDCAの組織・身分的な分離がないことによる高い問題解決力。
- 組織（集合）知による知識創造。
- 未来傾斜志向に基づく長期的なコミットメント。
- 効果的な組織学習による継続的な組織能力の進化。

　これらの優位性の多くは、組織特殊的な人的資産によって発揮される強みである。従って、これらの優位性を維持しつつグループ・シナジー追求型のトランスナショナル企業に一気に転換することは困難であることが想定される。いくつかの段階を経る進化的なアプローチを遂げることが現実的である。
　組織特殊な人的資産を最大限有効に活用できる海外事業展開を実現するためには、まずは以下に示す条件を満たすような、それぞれの市場で強い「個」の事業が確立した集合体となることを目指す。

- 現地で自律した事業経営組織の実現。

- ローカル市場固有のニーズのきめ細かな発掘。
- ローカル市場が真に求めている価値の提供。
- 現地での知識創造に基づくローカル市場との共進化。

次の段階として、各地域で蓄積された顧客情報や各地域のベストプラクティスをグローバル・レベルで共有化・横展開できる本社体制を整備する。そのことにより、知識・情報・モノの流れが双方向化し、調達・在庫、供給のグローバル最適化を実現する。

最終段階として、統制型本社からプラットフォーム提供型本社へ転換し、本社がビジネス・ネットワークのハブ的な機能を担うことで、メタナショナル型のビジネス展開を実現する（図表15－12）。

図表15－12　メタナショナル型のビジネス展開イメージ

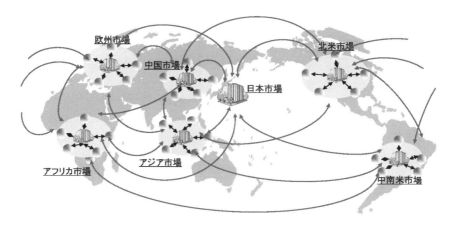

- 強い「個」の事業を実現するための資源プールと再配置。
- 知識・ノウハウが自律的に発生し移転するメカニズム。
- 製品事業・機能・地域・顧客を主管する組織のミッションの適正化と組織間の調整能力。

一般に、メタナショナル型企業による国際事業展開を実現するには、図表15－13に示すような課題対応が考えられる。各社固有の経営状況を考慮

のうえ、トランスナショナル型企業に至る統合的なパスを描く必要がある。

図表15-13　メタナショナル型国際事業展開のための課題領域

視　点	課　題
経営・事業・機能戦略	戦略の基本パターン：グローバルとマルチドメスチック戦略の融合、モジュールとインテグラル対応の融合
	能力構築と進出形態：独自、アライアンス、JV、M&Aのベスト・ミックス
	ソーシング形態：グループ企業内取引、系列取引、市場取引のベスト・ミックス
	機能配置：グローバル機能、リージョン／ゾーン機能、ドメスチック機能の適性配置
	ロジスティクス／サプライチェーン構造：マルチ・ハブのカスケード型からネットワーク型への移行
マネジメント・システム	ガバナンス方針：マルチ・ステークホルダー対応
	マネジメントの基本構造：ローカル適合力×グローバル統合力
	事業責任と事業間シナジー：グローバル事業連結体制と事業横断的機能のシナジー発揮
	経営情報：（事業領域別×機能別×市場／地域別）での業績パフォーマンス指標
	コーポレート機能配置：HQ（戦略本社）機能の配置、管理間接／事業支援機能のローコスト化（SSC／BPO）
経営資源管理	人的資源：ローカル・スタッフの活性化・戦力化×グローバル経営人材の育成
	資金：グローバルCMS、グローバル資金調達、ポートフォリオ戦略に基づく国際資金再配分
	情報・ノウハウ・その他無形資産：増殖・共有化・移転のためのプラットフォーム、保護のための仕組み

第16章
サービス付加価値化戦略

　社会が発展して豊かさが増すのに伴い、顧客は自身が必要とするより本質的で高度なニーズを充足するための価値を求めるようになる。そのため、製造業においても顧客に提供する価値全体に占めるサービス価値のウェイトが今後一層高まることは避けられない。製造業のサービス化では、従来の製品技術を核に据えた戦略視点に加え、顧客の課題解決のためのソリューション事業化が大きなポイントになる。

　第16章では、製造業におけるサービス価値提供のあり方を、ソリューション事業モデル化を一つの有力な方向性として捉え、ソリューション事業モデルの概要とそれを実現する上での課題について整理する。

16.1　企業の価値創造におけるサービス化

　日本をはじめとする先進諸国では経済のサービス化が着実に進展している。第三次産業が占めるシェアが拡大しており、全産業の雇用者数に占めるサービス産業の雇用者の割合も長期的に拡大傾向にある。また、サービス産業におけるグローバル化が進展していることも近年の大きな特徴である。世界経済全体におけるサービス産業の重要性は、付加価値及び雇用の両面において、今後ますます高まることが予想されている。

　経済がサービス化する要因として第一に挙げられるのが、可処分所得の増加に伴う生活水準の向上である。物質的な生活必需品に対するニーズよりも嗜好品的なニーズが高まるとともに、モノに付随して提供されるサービス価値の比重も高まっている。女性の社会進出に伴う可処分時間の確保ニーズや、人口の高齢化といった社会的要因も、個人のサービス利用を促進する要因となっている。企業においては，コア機能への重点的な資源配分が行なわ

れるようになった結果として、ノン・コアな機能領域では事業所向けサービスを利用する機会が増加しているのに加え、事業のグローバル化による資源制約が事業所向けサービス利用の大きな要因となっている。さらに，今後はICT/IoT，AI，ロボティクスといった領域における技術革新により、多様なサービス提供機会が開拓されるものと予想されている。

　経済のサービス化という大きな動向を踏まえると、企業の価値創造もサービス化にシフトするのが自然な流れであり、製造業といえどもサービス化という方向性を視野に入れた価値提供に取り組むことが不可欠な取り組みとなる（図表１６－１）。しかし、経済のサービス化は製造業不要論を意味するものではない。先進国ではモノ消費が成熟化して経済のサービス化が進みモノ需要が相対的に縮小することがあっても、サービスだけで社会が成り立つものではないので、世の中からモノ需要がなくなることはない。また、新興国に目を転ずれば、経済の発展に伴うモノ需要の増大は不可避である。

図表１６－１　経済と企業の価値創造のサービス化

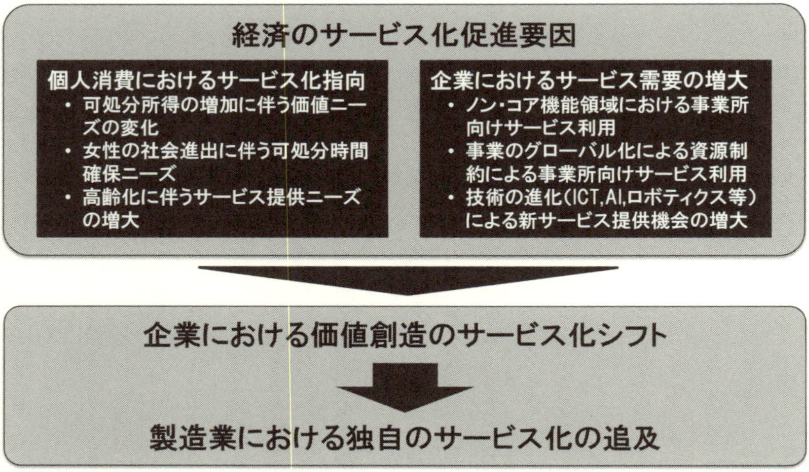

　経済のサービス化という大きな潮流の中にあっても製造業は存在し続けなければならないが、これまでの競争力の源泉であった製品に転写される機能・品質・コスト等の「モノづくり的技術に立脚した優位性」だけでは競合

他社との差異性を実現することが困難になっている。さらに、ユーザーが求める価値も高度化し、よりサービス指向を高めている。このような環境下にあって、製造業が価値創造システムとして成長性を追求するためには、サービス業とは異なる製造業固有のサービス価値化を追及する必要に迫られている。

製造業のサービス化には二つの方向性があることを延岡は指摘している。一つの方向性は事業形態そのものが製造業からサービス業に転換する「サービス経済化」であり、もう一つの方向性は顧客価値の重点がモノそのものの価値からサービスという役務によって提供される無形の価値にシフトする「サービス価値化」である。製造業における新たな価値創造のあり方を追及することが本章の中心的課題であるので、ここでは製造業のサービス化を「サービス価値化」の観点から捉えることとする。

製造業の「サービス価値化」では、ハード的な製品自体が持つ機能・品質・コストといった「モノ価値」に加え、ユーザーがハード的な製品を利用することで実現するより本質的な「利用価値」の相乗効果を追及することにより、高度化する顧客ニーズに対応する。製造業が提供するモノ価値はなくなることはないが、図表16－2に示すように時代が進むにつれて顧客価値の総和に占めるモノ価値の比重は低下し、代わって利用価値が占めるウェイトが高まる。

図表16－2　サービス価値化する製造業が提供する顧客価値の関係

製造業におけるサービス価値化の実態は、モノの物理的な特性による差異化からモノの利用プロセスを含めた差異化へシフトすることであり、顧客が求める真の価値に近づくことに向けて企業の差異化戦略が高度化することを意味する。これから国際的な競争環境がますます厳しさを増す時代において、サービス価値化を志向した能力構築が製造業にとって最も大事な競争優位要因の一つとなる。

製造業が提供可能なサービス価値には多様な形態が考えられるが、サービス・ビジネス・モデルの変遷としては角による捉え方がある。これは、ユーザーが求める価値がモノ自体に転写された汎用的に提供される物理的価値から、ユーザー固有の環境下における顧客特殊なモノ利用価値の最大化への移行を反映した流れであると考えられる。

①商品の付属品としてのサービス
②サービス専業会社
③サービス統合会社
④統合製造会社
⑤2.5次産業
⑥サービス内製化
⑦O&M（Operation & Maintenance）
⑧トータル・インテグレーション・コンソーシアム

顧客に「モノの利用価値最大化」というサービス価値を提供するためには、顧客に対して「モノの利用提案能力」を持つ必要がある。製造業のサービス価値化の一つのバリエーションとして、顧客が抱える課題を解決し顧客が本質的に求めている価値を提供する「ソリューション事業化」がある。近年多くの製造業は、モノをどのように利用すれば顧客が抱える課題を解決することができるのかという「ソリューション提案能力」への取り組みを本格化させている。ソリューション事業化は製造業が顧客の利用価値最大化に向けたサービス価値化の一つの大きな柱として位置づけられ、製造業のサービス価値化を考える上での基本モデルとして位置づけられる。

16.2　製造業のサービス価値化のためのソリューション事業

　顧客が求めるソリューション価値の内容は「顧客の事業が訴求しようとしている価値（顧客が自社の顧客に提供する価値）の違い」、「顧客の組織能力、コア・コンピタンスに対する認識の違い」、「顧客の製品・サービス（市場）のライフサイクル・ステージの違い」等の要件によってそれぞれ異なる。ソリューション事業モデルは多様性を持つが、大きな方向性としては概ね次のような取り組み内容として整理することができる。

①既存の製品事業において顧客に対する（技術的な）提案力を強化することで事業機会を拡大する。
②複数事業領域の製品を束ねシナジーを発揮したシステム納入（ワン・ストップ・ショップ化）を実現することにより、顧客の購買利便性に寄与する。
③ハード製品に加え，ソフトウェアやサービス・保守等、新たな付加価値提供を組み合わせて提供する。
④顧客密着を強めて信頼関係を高め、顧客が持つ新規あるいは潜在的なニーズを発掘する。
⑤顧客の業務機能の一部を代行し、顧客がそれに要していた資源を他の機能に振り向けられるようにすることで、顧客の事業の効率化や高度化に貢献する。
⑥ビジネス・パートナーとして協創的な視点から、顧客の事業創造・業績改善・価値増大に貢献する。

　日本の製造業の多くは，すでに何らかの形でソリューション事業化に取り組んでいるものの、「まだ十分とは言えずかなり多くの問題を抱えている」との認識が多い。また、「今後は適用事業領域の拡大、対象顧客層の拡大、海外市場への拡大等により一層の強化が必要である」との認識も強く持たれている。ただし、ソリューション事業を拡大・高度化するためにはさまざまな阻害要因があるので、その解消に向けた取り組みが必要である（図表１６

－3）。

図表１６－３　ソリューション事業の拡大・高度化に向けての課題

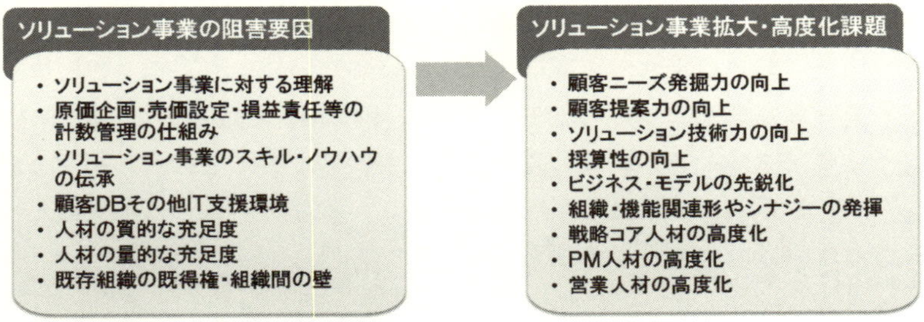

ソリューション事業の阻害要因

- ソリューション事業に対する理解
- 原価企画・売価設定・損益責任等の計数管理の仕組み
- ソリューション事業のスキル・ノウハウの伝承
- 顧客DBその他IT支援環境
- 人材の質的な充足度
- 人材の量的な充足度
- 既存組織の既得権・組織間の壁

ソリューション事業拡大・高度化課題

- 顧客ニーズ発掘力の向上
- 顧客提案力の向上
- ソリューション技術力の向上
- 採算性の向上
- ビジネス・モデルの先鋭化
- 組織・機能関連形やシナジーの発揮
- 戦略コア人材の高度化
- PM人材の高度化
- 営業人材の高度化

　製造業のソリューション事業は「モノの提供」と「ソリューションというサービス価値の提供」を統合的に組み合わせて提供することで、顧客のモノ利用価値をより高い次元で実現するものである。製造業がソリューション事業化に取り組む意味は、日本企業のこれまでのモノづくりにおける競争優位要件を活用しつつ、ソリューションというより高度な顧客価値を取り込むための組織能力を獲得することにより、グローバルな競争において独自のポジショニングを築くことにある。

　従来のハード型モノづくり事業では、顧客がモノに対して認識する差異化価値に訴求するための「製品設計情報」をモノの物理的な特性として製品に効率的に転写できる能力が重要であったが、ソリューション事業では顧客が抱えている「悩み（問題）」を解決する手段を提供するビジネスに進化する必要がある。従って、従来のハード型製造業の能力に加え、サービス的な顧客価値を実現する「ソリューション設計情報」を顧客接点バリュー・チェーン機能に対して効率的に転写できる能力を持つことが重要になる。製造業のソリューション事業化における戦略課題は、「モノ価値」とソリューションという「サービス価値」を統合的に提供できるビジネス・モデルへ転換することにある（図表１６－４）。顧客のモノ利用における本質的な要求に対する理解と顧客目的視点で解決策を提供できる能力を持つことがソリューション事業化の本質である。

図表16－4　ハード型製造業とソリューション型製造業の特徴比較

	ハード型製造業	ソリューション型製造業
顧客の期待	ハードそのものの機能・特性に対する期待	顧客が受容したい価値そのものへの貢献期待
顧客価値	差異化期待の高い価値の識別	顧客の本質的な価値（＝利用価値）の識別
価値の創造	差異化価値を実現する製品企画・設計情報をモノで実現	本質的な価値を実現する事業構想を顧客接点機能全体で実現
重要な組織能力	設計情報のモノへの転写能力	事業構想を顧客接点全体で実現する能力

　製造業がソリューション事業化するに当たっては、自社製品をソリューション手段のコアな価値として組み込む必要があるという制約があるため、顧客が求める課題解決の実現手段に対する自由度が制限されることがあるという特徴を持つ。しかし、このような制約はネガティブに捉えるだけではなく、強みとして活かせることも認識する必要がある。図表16－5に製造業のソリューション事業モデルの概念を示す。

図表16－5　製造業のソリューション事業モデル概念

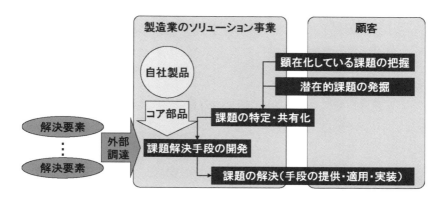

　ソリューション事業の能力構築は、モノが提供する価値創造に関する能力とサービス価値の創造に関する能力の両方が必要とされる点が、ハード型製

造業と大きく異なる。ソリューション事業に転換するためには、顧客が抱える本質的なニーズの理解とそれを実現するためのプロセスを整備する必要があり、そのために企業が持つ潜在的で未利用な機能・組織能力を顕在化させる必要がある。図表16－6にソリューション事業のバリュー・チェーンの例を示すが、ハード型製造業のバリュー・チェーンよりも複雑であり、そのための能力構築も多様性と複雑性が高まる傾向にある。

図表16－6　ソリューション事業のバリュー・チェーン

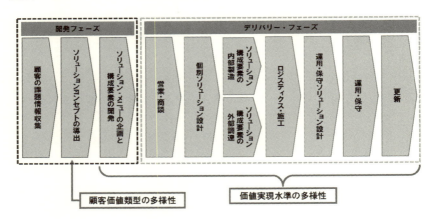

ソリューション事業は能力構築が発散する危険性がある。それを避けるためには、ソリューション事業におけるアーキテクチャを選択し、資源の浪費を避けて採算性を確保する必要がある。ソリューション事業の効率性だけを考えると全てのバリュー・チェーン機能においてモジュール的な対応をできることが望ましいが、顧客が求める固有の価値に可能な限りきめ細かく訴求するという観点からは、顧客インターフェースに関連するバリュー・チェーン機能についてはインテグラル（すり合わせ）対応で臨むことが有利である。

16.3　ソリューション事業モデル

ソリューション事業のための能力構築や顧客が求める課題解決の発現形態は多様であるので、ソリューションの事業モデルも多様性を持つ。ここでは

ソリューション事業が顧客に提供するソリューション価値の実態を分析した結果、以下に示す三つの事業モデル類型を想定する。

①類型1：製品の『ライフタイム価値の最大化』
②類型2：前後工程を含む『バリュー・チェーン全体の最適化』
③類型3：製品のバリュー・チェーンを越えた『顧客との事業協創』

ソリューション事業における価値提供は多様であるが、価値提供が対象とする顧客のバリュー・チェーンのスコープに注目することにより、実態としてはソリューション事業モデルの多くはこれら三類型のいずれかに収斂すると考えられる（図表16－7）。

図表16－7　ソリューション事業の3類型

◆ **類型1：ライフタイム価値の最大化**

◆ **類型2：バリューチェーンの丸ごと最適化**

◆ **類型3：顧客との事業協創**

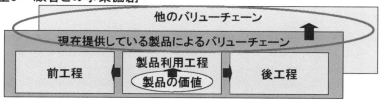

類型1ではモノが利用される直接的な工程だけをソリューションの対象としているのに対して，類型2ではソリューションが対象事業のバリュー・チェーン全体に拡大し、さらに類型3では他の事業領域（＝新規事業領域）におけるソリューションへと拡大する。以下それぞれのソリューション事業類型の概要を整理する.

（1）類型1：ライフタイム価値の最大化

　自社が提供する製品で顧客バリュー・チェーンのライフタイム価値を最大化する事業モデルである。製品の利用プロセスにおける(1)コスト最適、(2)能力拡大対応、(3)品質水準の向上、(4)障害時対応力の向上、(5)利益・キャッシュフロー・事業価値向上等により、顧客が製品のライフタイムを通じて実現できる価値を最大化する。すでに多くの生産財メーカーや耐久消費財メーカーがこのような取り組みを始めており、保守サービス機能を活用した設置ベースに依存するアフター・マーケットのビジネスを強化している。製品のライフタイムに沿って顧客に提供可能なソリューション価値の例を以下に示す。

- 最高の利用パフォーマンスを実現する機器選定。
- 機器購入に当たって最適な資金繰り方法の提供。
- 機器導入手続きの労力・コストの低減。
- 機器の設置・施工時に発生するネガティブ要因（手間・コスト・操業の中断等）の最小化。
- 既設機器リプレースの負担低減。
- 製品ライフタイムを通した最高のコスト・パフォーマンスの実現。
- 機器更新に関する適切な意思決定。

　類型1のソリューション・モデルでは、ソリューション事業戦略やメニュー開発のための企画機能と、顧客接点となるソリューション営業機能の充実とが主要な成功要因になる。図表16－8のソリューション類型1の事業モデル例が示すように、一般顧客とソリューション顧客に対する機能提供の分化が起きる。

図表16-8　ソリューション類型1の事業モデル例

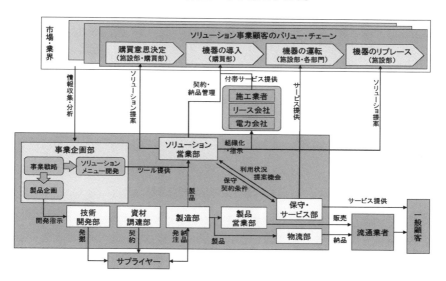

(2) 類型2：バリュー・チェーン全体の最適化

　自社製品が利用されている前後の工程も含め顧客のバリュー・チェーンをトータルに最適化するソリューションを提供することで、顧客が最終的に実現しようとしている利用価値を最大限達成することを支援する。ユーザーの設備形成全体に関するエンジニアリング機能を提供するのみならず、そのオペレーション代行機能まで提供することが考えられる。工場・オフィスビル・商業施設における高度ファシリティー・マネジメントやプロパティー・マネジメント、情報システムを中核とした施設全体の設備・機器のシステム納入、個人住宅における家電・住宅設備・情報機器・エネルギー供給システムの一括提供等への取り組み等がこの類型に該当する。顧客バリュー・チェーンの包括的な最適化のために提供可能なソリューション価値の例を以下に示す。

● バリュー・チェーン構造と機器構成最適化によるコスト・パフォーマンス最大化。

- バリュー・チェーン全体の運用・管理環境最適化。
- バリュー・チェーン全体を通した固定費削減と高付加価値領域への経営資源シフト等。

　類型2のソリューション・モデルでは、顧客価値を実現するための設備・機器構成を一括でシステム納入できる能力を持てることが前提となり、既存の製品事業とはかなり異質な能力が要求される。図表16－9のソリューション類型2の事業モデル例が示すように、ソリューション事業固有の独立した機能群が存在するようになる。その結果として、既存の製品事業はソリューション事業の視点からは、他社からの仕入と同じ位置づけとなる。

図表16－9　ソリューション類型2の事業モデル例

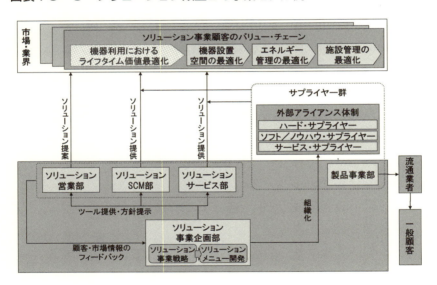

（3）類型3：顧客との事業協創

　顧客との協創的な関係を確立することで、顧客の経営が抱える本質的な戦略課題に対する解決策を開発するのが類型3のソリューション事業である。顧客の戦略的な経営課題としては新事業創造や企業改革が想定され、社会の潜在的なニーズを発掘・顕在化し自社と顧客のコア技術を用いた新事業領域

を開発することにより、社会的な課題解決につなげる。

　ソリューションの提供というよりは、ソリューション・ツールを提供することによる共同事業経営の色彩が強まる。空調機器メーカーの熱交換技術・流体温度制御技術・電力（エネルギー）管理技術を用いたエネルギー・ソリューション事業、情報システム機器メーカーの社会インフラ制御ソリューション事業、印刷業界の電子・材料事業分野への進出からマーケティング・業務効率化・BPO・教育等を含むトータル・ビジネス・ソリューション事業への展開等の例がある。顧客との事業創造のためのソリューション価値提供は、顧客の経営改善そのものであり、経営トップ同士の接点構築により協創の場を設けることが大きなポイントとなる（図表16－10）。

図表16－10　ソリューション類型3の事業モデル例

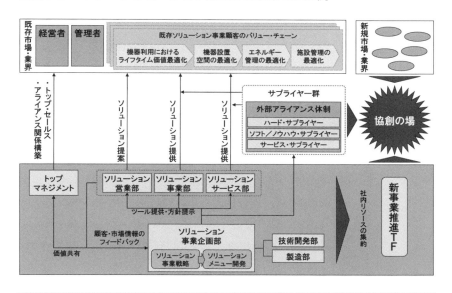

16.4　ソリューション事業の課題

　製造業のソリューション事業では、それがどのようなビジネス・モデル類型であってもハード型モノ造り事業とソリューション事業という二つの異質な価値創造のバリュー・チェーンが並存する。そのため、製造業によるソ

リューション事業が成功するためには、差異化されたサービス価値としての
ソリューションの創造能力と、ハード型モノ造り事業における価値創造能力
との両立が求められる。

　これら二つのバリュー・チェーンは異なる戦略要請に基づく能力構築を行
なうため、相互に資源を奪い合う等のコンフリクトが発生する。製造業のソ
リューション事業で全体最適に向けた活動を展開するためには、それぞれの
バリュー・チェーンを構成する組織間の連携問題が大きな課題テーマとなる。
製造業のソリューション事業展開における異質なバリュー・チェーン組織の
戦略マネジメント・コントロール方法に焦点を当てて、組織間の連携促進問
題の解決の方向性を整理する。

（1）製造業のソリューション事業展開のための組織構造

　ソリューション事業を展開する製造業の組織構造は、ソリューション事業
の独立度合いによって、次の三つのタイプに分類される。それほど高度なソ
リューション提案力を必要としない場合にはソリューション組織未分化型の
構造でも対応が可能であるが、より高度なソリューション提案力が求められ
る場合にはソリューション組織独立型の構造が優位性を持つ。現実的にはこ
れらの中間のハイブリッド型組織構造が妥当である場合が多くなることが想
定される（図表１６－１１）。

- ●ソリューション組織未分化型の構造：ソリューション固有の組織は存在
　せず、既存の製品事業組織がソリューション機能（企画、営業、保守・
　サービス等）を提供。
- ●ソリューション組織独立型の構造：ソリューションが主たる事業で固有
　の組織が独立して存在。
- ●ハイブリッド型組織構造：ソリューション事業の一部の主要な機能を独
　立組織として持つ（上記二つの中間形態）。

図表16-11　ソリューション事業の組織構造類型

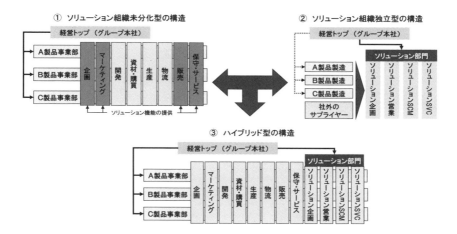

それぞれの組織構造類型の特徴を以下に整理する．

①ソリューション組織未分化型の構造
- 製品領域別の戦略マネジメントが展開される。製品事業部が戦略マネジメントの要として機能し、製品事業単位で完結したPDCAサイクルが確立している。製品事業部が主管する領域に関する戦略計画や業績目標を設定し、製品事業部が必要なバリュー・チェーン機能組織を事業部内に持つ、あるいは関連するそれらに対する指揮・命令権を持つ。製品事業部が包括的な事業業績に対する唯一の責任単位。
- ソリューション的な価値提供は、製品事業戦略の一環として位置づけられる。ソリューション価値の提供は、製品事業顧客のニーズ対応の一手段として製品戦略に組み込まれている。製品戦略のソリューション的要素は，製品事業組織が実現する。
- ソリューション価値の提供による利益（業績）は製品事業損益（業績）として測定され、ソリューション価値提供のパフォーマンス管理は投入資源（コスト）の評価が中心である。

②ソリューション組織独立型の構造
- ソリューション領域別の戦略マネジメントが展開される。ソリューション部門によるソリューション価値提供の視点からのPDCAサイクルが確立している。
- ソリューション事業展開に必要な投資・費用と、そこから得られる収益（リターン）の最大化を目指すため戦略計画や業績目標が設定され、ソリューション事業としての事業業績責任を持つ。ソリューション価値の提供は顧客単位での施策が重要であり、アカウント・マネジメントが重要な視点となる。ソリューション事業に必要な主たるバリュー・チェーン機能組織をソリューション部門内に持つが、一部の機能に関しては他事業部門の機能を活用する。（製品製造や技術開発は、製品事業部門の機能を借りる形態が想定される。）
- ソリューション事業から見ると製品事業機能は仕入先の一つとして位置づけられるため、製品事業機能との仕切り価格（社内振替価格）の設定が重要となる。

③ハイブリッド型組織構造
- ハイブリッド型組織構造の戦略マネジメントでは、(1)製品事業のバリュー・チェーンと、(2)ソリューション事業のバリュー・チェーンとが並存し、二つの戦略軸のマネジメント・コントロールを実現する必要がある。
- 二つの事業のバリュー・チェーンは完全に独立した組織として構成されるわけではないため、二つのバリュー・チェーンが並存するためにはマトリクス的な組織運営・管理を実現する必要がある。
- 両方のバリュー・チェーンにまたがる機能組織が存在するので、組織別の業績要素を単純に積み上げただけでは事業業績の管理はできない。それぞれのバリュー・チェーンのビジネス・プランを起点とし、それぞれのバリュー・チェーンにおけるパフォーマンス・ドライバーに着目したKPIによるPDCAサイクルを構築することが求められる。

（2）ハイブリッド型組織構造の戦略マネジメント・コントロール

現実には、顧客接点の形成や機能の効率性等の観点から、製品事業とソ

リューション事業機能が混在する③のハイブリッド型組織構造を採用することが多くなることが想定される。二つのバリュー・チェーンを構成する機能組織は多くの場合マトリクス的な関係になるので、従来の組織を軸とするマネジメント・コントロールだけでは二つの戦略施策が干渉してしまい、マネジメント・コントロール情報として活用しにくいという問題が発生する。

　近年組織横断的な活動の管理や組織横断的なプロセスのマネジメントの必要性が高まりを見せており、そのための処方箋としてプロジェクト管理会計やプロセス・マネジメントの有効性が認識されるようになっている。ソリューション事業化した製造業のマトリクス組織の弊害を回避するためには、それぞれの戦略施策に求められる活動をプログラム・プロジェクトの構造に体系化し、プロジェクト単位でのマネジメント・コントロールを実現することが有効である。

　ハイブリッド型組織構造の戦略マネジメントでは、それぞれの戦略要件に沿ったビジネスプラン（事業計画）を策定し、それらを管理単位としてプロジェクト／プログラム展開するマネジメント体系である。プログラム・プロジェクト管理型の管理会計が導入することにより、活動単位の基本情報をさまざまな視点のプログラムに紐付けすることにより複数の戦略軸に沿ったマネジメント・コントロールが実現できることが期待される。プログラム単位で業績管理を実施した場合の、事業と組織のマネジメント・コントロールへの展開イメージを図表１６－１２に示す。

図表１６－１２　プログラム単位での業績管理モデル

		製品事業関連部門								ソリューション関連部門				
		企画	マーケティング	開発	資材・購買	生産	物流	販売	保守・サービス	ソリューション企画	ソリューション営業	ソリューションSOM	ソリューションSVC	
A製品事業部	開発テーマa1	○	○	○		○		○						プログラムa1業績管理
	開発テーマa2		○		○				○					プログラムa2業績管理
	・・・													
B製品事業部	開発テーマb1	○	○	○					○					プログラムb1業績管理
	開発テーマb2	○	○	○		○	○							プログラムb2業績管理
	・・・													
ソリューション開発テーマ１		○								○		○	○	プログラム1業績管理
ソリューション開発テーマ２		○		○		○				○		○	○	プログラム2業績管理
顧客X囲い込みテーマ３							○	○		○	○	○	○	プログラム3業績管理
顧客Y囲い込みテーマ４				○			○	○		○	○		○	プログラム4業績管理

ライフタイム・マネジメント
アカウント・マネジメント

機能組織のパフォーマンス管理

第17章

グループ経営戦略

　法人格を持つ企業一社だけで経営を行なうことは、現在ではほとんど考えられない。事業が多角化し、市場もグローバルに広がる傾向にあるので、グループ企業群を形成して経営を展開する必要がある。第17章では、グループ経営戦略のあり方を、グループ経営構造と戦略マネジメント・コントロールの視点を中心に考察し、グループ経営の要となる本社機構のあり方を整理する。特に、成長戦略の実現に当たっては、個別事業の組織が拡大を目指すことも当然必要であるが、それ以上に戦略本社が次世代事業を積極的に開発する必要があることを認識することが重要である。

　本章では組織論的な視点からの議論が展開されているが、経営が実践しようとする諸戦略施策と組織のあり方は表裏一体であることを理解する。

17.1　グループ経営構造

　一般的に、多角化した事業構造を持つ企業グループの基本構造は、以下の三つの基本機能ブロックを持つ。それぞれの基本機能ブロックのミッション・役割を理解することがまず求められる。

①グループ本社（HQ: Head Quarter）
- ・グループ戦略の策定およびその遂行管理に関する活動を通じ、ステークホルダーに対してコミットした成果（顧客価値や持続可能利益）を実現し、企業価値を増大させる。
- ・グループ法人格維持に関する活動を通じて、グループとして果たすべき（広義の）社会的な責任を高いレベルで実現し、将来的なグループ価値を増大させる。

②シェアードサービス（SS: Shared Service）
・グループ内共通支援機能を集約し標準業務プロセスを確立することにより、機能の専門性と効率性を高いレベルで実現し、グループの経営効率改善に寄与する。
③連結事業ユニット（SBU: Strategic Business Unit）
・顧客に提供する価値の増大と機能効率の向上を通じて、経営に対してコミットした成果（＝事業価値・事業効率）を達成する。
・戦略的な事業単位として自律的な分権経営を可能にするために、バリュー・チェーンの一貫運営体制が確立し、事業運営に必要な裁量権を持つ。
・近年は、インベストメント・センターとして、BS/CF項目に関する連結事業業績責任を持つことが多い。

グループ経営の三つの基本機能ブロックは、図表17－1に示すような構造で運営される。

図表17－1　グループ経営の基本機能ブロック

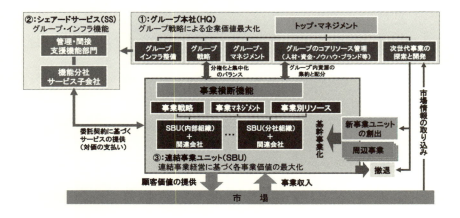

三つの基本機能ブロックは、あくまでも企業グループが持つべきミッション・役割に関する概念を示したものであり、実際の法人企業の括りや法人企業内部の組織構造とは異なるものである。グループ本社はグループの中核企

業内で持つことが原則となるが、次世代事業のインキュベーション等はグループ本社機能であっても分社体制で取り組むこともあり得る。また、シェアードサービス機能についても、これまでは本社の管理間接機能としてグループ企業各社内に分散して設置されるのが一般的であったが、最近ではグループ・インフラ機能として統合化されたりアウトソーシングされたりすることも多い。連結事業ユニットもそれぞれのSBUは中核企業内にあることもあれば、別会社にて運営されることもある。全てのSBUが分社化された状態が純粋持株会社である。また、それぞれのSBUは、さまざまな関連会社と連結で運営されるのが一般的である。

図表17－2にグループ企業の類型を示す。グループ企業のマネジメントでは、それぞれに与えられたミッションに適した管理体制を整備する必要がある。グループ企業の類型は、(1)事業分社と、(2)機能分社とに大別され、それぞれに与えられているミッションが根本的に異なるので、これら二つの類型の混同は避けなければならない。

図表17－2　グループ企業の類型

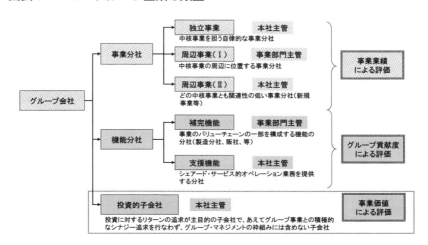

事業分社に相当するグループ企業は、事業を構成するバリュー・チェーン機能の大半をコントロール可能であることが前提となる。事業に対する管理可能性を持つので、事業業績に対して責任を持ち事業業績で評価される存在

である。

　それに対して、機能分社は事業を構成するバリュー・チェーンの一部しか保有しない存在であり、分社による機能効率性によりグループ経営に貢献するのがミッションである。機能分社は、それぞれが独立した法人格を持つので、売上や利益といった業績が発生するが、そのミッションから本当の意味での事業業績に対して責任を持つことはできない。機能分社の業績評価に当たっては、効率等のグループ経営への貢献度に関する指標を用いるべきである。

17.2　グループ経営の進化と類型

　グループ経営には、図表17－3に示すように、いくつかのレベルがあり、より高度なグループ経営を目指して上位の段階のグループ経営へと進化する。現在第2～第3段階にある企業が多いが、分権経営が徹底した企業グループでは、さらに上の第4段階に進みつつある。現法のグループ経営レベルを認識したうえで、次のグループ経営レベルを目指すためのグループ・マネジメント体制再構築の方針を決定することが重要である。

図表17－3　グループ経営の進化プロセス

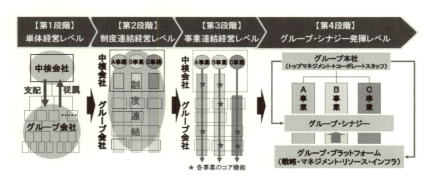

①第1段階：単体経営レベル
　・グループ力は本体（親会社）を強くすること・見せること。
　・そのための関係会社の支配・管理の強化。

第17章　グループ経営戦略　211

　　・関係会社を統括的に管理する部門が存在し、各社の見かけの業績（利
　　　益）調整が重要な機能。
　　・連結業績に対する責任意識は希薄。
②第2段階：制度連結経営レベル
　　・制度会計上の法人単位での連結に留まる。
　　・中核会社において「事業部・事業本部」組織（日本型不完全事業部
　　　制）を採用するが、事業上の連結は意識されず事業部門は依然として
　　　本体組織業績の向上に傾注しがち。
　　・事業の戦略・マネジメントにおける一貫性は求められないため、事業
　　　（全体）最適での意思決定は不十分。
③第3段階：事業連結経営レベル
　　・グループ力は「強い連結事業」をつくること。
　　・そのために事業単位での戦略企画・マネジメントに関わる機能・体制
　　　を強化。
　　・中核会社において「カンパニーや分社」と称される組織を採用し、事
　　　業（SBU）単位での管理連結が完成している。
　　・自律・分権化の弊害（短期の財務成果を重視した近視眼的施策）への
　　　対応が課題と認識されていることが多い。
④第4段階：グループ・シナジー発揮レベル
　　・グループ力は「個別事業価値の総和以上のグループ価値」を創出する
　　　こと。
　　・そのためにグループ本社（特にコーポレート・スタッフ）の機能・体
　　　制の強化によるシナジーの追求。ポートフォリオ管理による資源再配
　　　分と許容可能リスクの評価、ノウハウ・スキルの共有・伝播・進化、
　　　稀少資源の蓄積・共有、スケール・メリット／スコープ・メリットの
　　　追求等。

17.3　グループ経営の戦略マネジメント・コントロール

　グループ経営のレベルによって、マネジメント・スタイルは大きく異なる。
自社が現在目指すべきグループ経営レベルを正しく認識し、それに相応しい

グループ・マネジメント・スタイルを構築する必要があるとともに、次のレベルに進化するための準備も心掛ける必要がある。グループ経営レベルとそれぞれに対応した業績管理を含めたグループ・マネジメント・スタイルの概要は、次の図表17-4のように整理される。

図表17-4　グループ経営レベルとグループ・マネジメント・スタイル

タイプ	経営レベルの業績目標	分権組織のミッション	分権組織の業績評価項目	分権組織の業績目標設定方法	分権組織の業績評価結果の活用方法
単体経営レベル	● PL指標（売上高、経常利益、経常利益率、等） ● BS項目のうちの重要指標（有利子負債、投資額、在庫、等）	● 事業一貫体制の組織はなく事業の部分集合 ● 経営目標を達成するためにHQが設定した組織業績目標の達成（対前期比、業界動向や経済情勢を加味した組織業績目標）	● PL指標（売上高、経常利益、経常利益率） ● 重要機能効率指標（重要BS指標、戦略展開のKPI）	● 各分権事業組織の目標を集計した後に全体調整 ● トップダウンで組織別目標を設定後、調整	● 人事考課要素の一つ ● 明確な活用方針は存在せずケースバイケースで課題抽出のための基礎情報として活用
制度連結経営レベル					
事業連結経営レベル	● グループ価値の増大 ● グループの成長性 ● グループの経営効率性	● 事業一貫体制においてそれぞれの事業領域における業界／市場ポジションを改善 ● 事業一貫体制で経営目標の部分達成に寄与	● 事業価値の増大 ● 事業の成長性 ● 事業の効率 ● 戦略展開のKPI	● 各分権事業組織の目標を集計した後に全体調整 ● トップダウンで組織別目標を設定後、調整	● グループ事業構造の進化とそのための資源配分の決定 ● 分権事業の責任者の評価
グループ・シナジー発揮レベル					

　SBU内部の戦略マネジメント・コントロールは、事業レベルの業績目標を達成するための諸活動を管理することであり、SBU内部の活動実態に即した業績指標による管理が必要である。制度会計視点から独立した管理会計目的のための仕組みを構築し、階層的なPDCAサイクルを確立することが求められる。そのためには、図表17-5に示すように、経営目標が展開されたSBU別の業績目標を、事業の活動実態に応じて、顧客別・機能別等の管理要件別の目標に展開する仕組みを整備する必要がある。

図表17-5　SBU内部の戦略マネジメント・コントロール

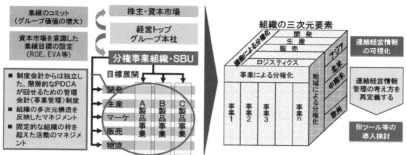

- SBUの業績目標を達成するためのSBU内部の戦略マネジメント・コントロールは、SBU内部機能の活動実態に即した、グループ経営目標項目とは異なる視点に基づく業績管理が必要である。
- SBU内部における戦略マネジメント・コントロール目的の業績管理制度の設計では、評価結果が組織の活動向上にダイレクトに寄与する責任業績の考え方が重要であり、責任業績の把握には機能組織間の振替価格設定や費用配賦の考え方が重要になる。
- そのためには、経営目標が展開されたSBU別の業績目標を、事業の活動実態に応じて、機能・地域・拠点・組織別の管理要件に展開する仕組みを整備する必要がある。
- マトリクス的な戦略マネジメント・コントロールを実現するためには、組織区分の制約を超えた柔軟な多次元的業績把握が可能であることが望ましい。多次元的に業績を把握することで、組織区分の制約を超えたより柔軟なマネジメントが実現される。
- BIツール等のICTを有効に活用することで、組織の活動実態を、製品事業別、顧客・市場別、機能別、地域別等の管理要件別に集計できる仕組みを整備することが可能となるので、組織の三次元要素に沿ったキューブ概念で自由に情報を活用できることが望ましい。

17.4　グループ経営戦略と本社機構

　グループ経営が第4段階の「グループ・シナジー発揮レベル」に達するためには、事業部門の自律的な活動以上に本社の果たす役割が重要な意味を持つようになる。グループ本社部門の機能構造を正しく理解することにより、有効な本社組織を設計することが可能となる。図表17-6にグループ本社部門のあるべき機能構造を示す。

図表17-6　グループ本社部門の機能構造

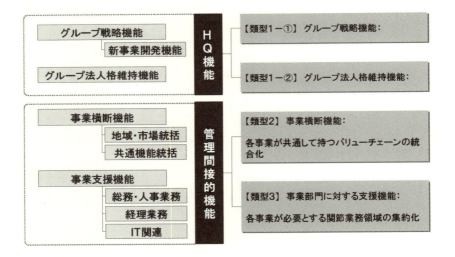

　グループ本社は「HQ機能」を発揮することが本来ミッションである。HQ機能の中身は、グループ戦略機能とグループ法人格維持機能に大別される。グループ戦略機能では、新規事業開発という次世代事業の育成が重要なテーマとなる。グループ本社部門が持つもう一つのミッションは「管理間接的機能」である。管理間接機能には、事業横断機能と事業支援機能とが含まれる。

　グループ経営では、SBUの自律的な活動を促進する必要があるが、グループとしての最適化を追求できるようになるためには、HQ機能が事業間のシ

ナジーを創出することが強く求められるようになり、グループ最適のための権限を留保する必要がある。HQ 機能と SBU の関係を図表１７－７に整理する。

図表１７－７　HQ 機能と SBU の関係

HQ機能	事業部門
■ミッション：事業構造の最適化と事業間シナジーの追及による持続的な企業価値の拡大 ■責任：ステークホルダーにコミットした成果の達成 ■留保される権限：企業としてのトータル・パフォーマンスを最大化する上で必要な権限	■ミッション：顧客に提供する価値の増大と効率性の向上による持続的な事業価値の拡大 ■責任：経営に対してコミットした成果（業績）の達成 ■委譲される権限：コミットした業績を達成するための事業遂行上必要な権限全て

事業間シナジーの機会	生み出される事業間シナジーの効果
企業戦略と事業戦略の整合化	事業ポートフォリオ構造の変更とそれに必要な資源再配分の実現
知識創造を加速するための場の共有	ノウハウ・スキルの共有化によるイノベーション・新たな顧客価値創造
希少資源（有形・無形の資産）のプール	知識・機能・顧客の共有によるコア・コンピタンスの横展開
スケール・メリット／スコープ・メリットの発揮	業務や資源活用における効率性の追求、顧客・サプライヤー等との有利な条件交渉

　最後に、国際事業展開に当たっての本社機能のあり方を示す。一般的には図表１７－８の図 A に示すように、本社機能と事業推進機能とはマトリックスの関係にある。HQ 機能と SBU の関係で示したように、自律的な事業部門の活動に依存しただけでは、グループ全体としてのシナジーが発揮困難であるため、全体最適を目指した戦略経営では、HQ 機能が事業横断的な意思決定を行なう必要がある。

　しかし、事業の国際化が進み活動地域がグローバル・レベルに拡大すると、地域のマネジメントという要素も考慮する必要が発生する。国際事業展開が進んだ企業グループでは、地域統括のための機能を地域ハブ組織として設置することが一般的である。このような段階に達した企業では、従来の事業と本社という２次元のマトリックス関係にとどまらず、本社・地域・事業の３次元マトリックス構造で戦略マネジメント・コントロールを実現しなければならなくなる。事業の国際展開が進んだ企業グループでは、図表１７－８の図 B に示すような、地域統括会社（ハブ機能）を介した職能的指示系統を

構築する必要がある。

図表17-8　事業の国際展開と本社機能との関係

図A：基本的なラインとスタッフの関係

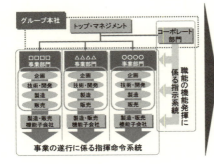

図B：地域統括会社を介した職能の指示系統

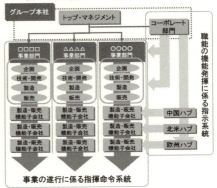

【おわりに】

　本書では、第1部で戦略経営の基礎的な理論について、それに続く第2部では、成長戦略という視点からの戦略経営のあり方についてみてきた。特に重視したのは、顧客価値の創造とそれを実現するイノベーションを加速する経営である。

　イノベーションを促進するためには、「公式的な経営システム」という必要条件の整備を行なうとともに、イノベーションの促進を担保する十分条件性を完備するための取り組みを展開することが必要である。本書では必要条件としての戦略経営のあり方に重心を置いているが、実際の経営では各社の固有要件を加味した十分条件性を担保した事業運営が求められる。

　企業の戦略的な経営における十分条件性の担保のあり方については、機会をあらためて紹介したい。

図表　イノベーティブな顧客価値創造企業であるために

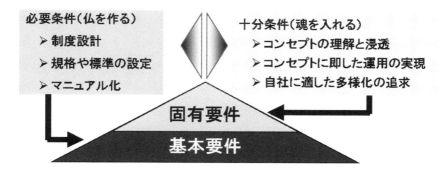

以上

【主な参考文献】

Barney, Jay B., Gaining and Sustaining Competitive Advantage 2002（岡田正大訳『企業戦略論　競争優位の構築と持続』ダイヤモンド社、2003 年）.

Collis, David J. and Montgomery, Cynthia A., Corporate Strategy: A Resource-Based Approach　1998（根来龍之ほか訳『資源ベースの経営戦略論』東洋経済新報社、2004 年）.

Crainer, Stuart, The Management Century 2000（嶋口充輝監訳『マネジメントの世紀　1901 〜 2000』東洋経済新報社、2000 年）.

Cusumano, Michael A. and Markides, Constantinos C., Strategic Thinking for the Next Economy 2001　（グロービス・マネジメント・インスティテュート訳『MIT スローン・スクール　戦略論』東洋経済新報社、2003 年）.

DIAMOND ハーバード・ビジネス・レビュー編集部編・訳『戦略論　1957-1993』、ダイヤモンド社、2010 年。

DIAMOND ハーバード・ビジネス・レビュー編集部編・訳『戦略論　1994-1999』、ダイヤモンド社、2010 年。

Kotler, Philip, Marketing Management: Analysis, Planning, and Control, Fourth Edition 1980（村田昭次監修『マーケティング・マネジメント　競争戦略時代の発想と展開 [第 4 版]』プレジデント社、1983 年）.

Mintzberg, Henry, Ahlstrand, Bruce, and Lampel, Joseph, Strategy Safari: A Guided Tour through the Wilds of Strategic Management 1998（齋藤嘉則監訳『戦略サファリ　戦略マネジメント・ガイドブック』東洋経済新報社、1999 年）.

Penrose, Edith, The Theory of the Growth of the Firm, Third Edition 1995

（日高千景訳『企業成長の理論 [第 3 版]』ダイヤモンド社、2010 年）.

Peters, Tom, Thriving on Chaos 1987（平野勇夫訳『経営革命』TBS ブリタニカ、1989 年）.

Porter, Michael E., Competitive Strategy 1980 （土岐坤ほか訳『競争の戦略』ダイヤモンド社、1982 年）.

Porter, Michael E., Competitive Advantage 1985（土岐坤ほか訳『競争優位の戦略』ダイヤモンド社、1985 年）.

Porter, Michael E., Kramer, Mark R., Creating Shared Value, Harvard Business Review, January–February 2011 Issue, Harvard Business Publishing（邦題『共通価値の戦略』DIAMOND ハーバード・ビジネス・レビュー、2011 年 6 月号）.

Prahalad, C.K., The Fortune at the Bottom of the Pyramid 2010（スカイライトコンサルティング訳『ネクスト・マーケット』英治出版、2010 年）.

Pugh, Derek S. and Hickson David J., Great Writers on Organizations 2000 （北野利信訳、『組織パラダイムの生成と発展の軌跡　現代組織学説の偉人たち』有斐閣、2003 年）.

Saloner, Garth, Shepard, Andrea, and Podolny, Joel, G., Strategic Management 2001（石倉洋子訳『戦略経営論』東洋経済新報社、2002 年）.

Scharmer, C.O., Theory U Leading from the Future as it Emerges 2007（中土井僚・由佐美加子訳『U 理論　過去や偏見にとらわれず、本当に必要な「変化」を生み出す技術』英治出版、2010 年）.

Senge, Peter M., The Fifth Discipline 1990（守部信之訳『最強組織の法則

新時代のチームワークとは何か』徳間書店、1995 年）.

Senge, Peter M., The Fifth Discipline The Art and Practice of the Learning Organization
1990 （枝廣淳子ほか訳『学習する組織　システム思考で未来を創造する』英治出版、2011 年）.

Senge, Peter M., Scharmer, C.O. et al., Presence: An Exploration of Profound Change in People, Organizations, and Society 2005 （野中郁次郎監訳、高遠裕子訳『出現する未来』講談社、2006 年）.

Slywotzky, Adrian J. and Morrison, David J., The Profit Zone 1997 （恩藏直人ほか訳『プロフィット・ゾーン経営戦略』ダイヤモンド社、1999 年）.

Teece, David J., Dynamic Capabilities & Strategic Management 2009 （谷口和弘ほか訳『ダイナミック・ケイパビリティ戦略　イノベーションを創発し、成長を加速させる力』ダイヤモンド社、2013 年）.

石倉洋子『戦略シフト』、東洋経済新報社、2009 年。

河合忠彦『ダイナミック戦略論　ポジショニング論と資源論を超えて』、有斐閣、2004 年。

小松原聡「革新のマネジメント」『フジサンケイビジネスアイ』㈱日本工業新聞社（連載記事）、2011 年。

小松原聡「コーポレートガバナンス　21 世紀に向けた経営のあり方」『経営構造改革と事業評価・管理システムの実際』、企業研究会、2002 年。

小松原聡『図解　価値創造の経営学　グローバル競争時代の理論』、言視舎、2013 年。

主な参考文献　221

小松原聡「ソリューション事業化する製造業の戦略コントロールのためのプロジェクト型マネジメント」『戦略経営ジャーナル』Vol.1 No.2、『プログラム＆プロジェクトマネジメント特集』、国際戦略経営研究学会、2012 年。

角忠夫「我が国における製造業のサービス化の変遷と今後の展望」、『サービソロジー』Vol3 No3、サービス学会、2016 年。

出川通『図解　実践 MOT 入門』、言視舎、2014 年

名和高司、近藤正晃ジェームス編著・監訳『マッキンゼー戦略の進化　不確実性時代を勝ち残る』、村井章子訳、ダイヤモンド社、2003 年。

野中郁次郎『知識創造の経営』、日本経済新聞社、1990 年。

野中郁次郎、竹内 弘高『知識創造企業』、東洋経済新報社、1996 年。

延岡健太郎「製造業における『サービス価値』の創出」、『サービソロジー』Vol3 No3、サービス学会、2016 年。

波頭亮『経営戦略概論　戦略理論の潮流と体系』、産業能率大学出版部、2016 年。

三谷宏治『経営戦略全史』、ディスカヴァー・トゥエンティワン、2013 年。

沼上幹『経営戦略の思考法　時間展開・相互作用・ダイナミクス』、日本経済新聞出版社、2009 年。

［著者紹介］

小松原　聡 (こまつばら・さとし)

1956 年東京都生まれ。現在、青森中央学院大学経営法学部教授。1979 年早稲田大学理工学部工業経営学科卒業。1979 年株式会社三菱総合研究所入社、同社経営コンサルティング本部参与他、三菱商事株式会社企画調査部、埼玉大学経済短期大学部非常勤講師、関西大学大学院会計研究科特別任用教授、早稲田大学理工学術院非常勤講師、東京電機大学大学院未来科学研究科非常勤講師、三菱マーケティング研究会事務局長を務める。専門領域は戦略マネジメント・コントロールで、組織やマネジメント・システム設計、経営計画・事業戦略策定に関する多数の経営コンサルティングのプロジェクトに従事。

〔主要著書〕

『経営構造改革と事業評価・管理システムの実際　研究叢書 No.118』(共著：浅田孝幸他、社団法人企業研究会、2002 年)、『グループ企業の管理会計』(共著：木村幾也他、税務経理協会、2005 年)、『産業再生と企業経営』(浅田孝幸編、大阪大学出版会、2006 年)、『図解　価値創造の経営学』(言視舎、2013 年)他多数。

装丁………佐々木正見
DTP 制作………REN
編集協力………田中はるか

【図解】戦略経営のメカニズム
ICT 時代における価値創造の理論と実践

発行日❖2017 年 5 月 31 日　初版第 1 刷

著者
小松原聡

発行者
杉山尚次

発行所
株式会社**言視舎**
東京都千代田区富士見 2-2-2　〒102-0071
電話 03-3234-5997　ＦＡＸ 03-3234-5957
http://www.s-pn.jp/

印刷・製本
中央精版印刷（株）

©Satoshi Komatsubara, 2017, Printed in Japan
ISBN978-4-86565-092-1 C0034

言視舎刊行の関連書

978-4-905369-57-8

【図解】価値創造の経営学
グローバル競争時代の理論

経営理論は「経営者」だけのものではない。企業はどのように価値を創造するのか、経営戦略を多角的に解説。組織のメカニズム、行動原理をわかりやすく解明。さまざまな環境変化にも対応できる実践的な内容。

小松原聡著　　　　　　　　Ａ５判並製　本体価格 1300 円＋税

978-4-905369-96-7

増補改訂版
図解　実践ＭＯＴ入門
技術を新規事業・新商品につなげる方法

モノづくりや技術に携わる人必携の基本書。チャートで学ぶ、成功し儲けるためのＭＯＴ戦略。ＭＯＴコンサル第一人者による解説、すぐ役立つ実践的な内容。大企業から中小・ベンチャー企業まで、だれでもイノベーションの方法を実践できる！

出川通著　　　　　　　　Ｂ５判並製　本体価格 1100 円＋税

978-4-86565-073-0

図解　実践ＭＯＴ マーケティング入門
新事業を成功に導く市場へのアプローチ

技術に携わる人必携のシリーズ。見えない市場を定量化し、顧客価値を実現する方法を提案。顧客対応、ニーズの掘り起こしをはじめとする、さまざまなマーケティングの実際を、図と実例をまじえてていねいに解説する。

出川通著　　　　　　　　Ｂ５判並製　本体価格 1200 円＋税

978-4-86565-030-3

図解　実践ロードマップ入門
未来の技術と市場を統合する ロードマップの作成と活用法

モノづくりや技術に携わる人必携！　テクノロジー・ロードマップ、ビジネス・ロードマップを作成し統合する、ロードマップ作成の基本と活用法を解説。ロードマップは、日本の産業界にイノベーションを起こすために不可欠。

出川通著　　　　　　　　Ｂ５判並製　本体価格 1200 円＋税

978-4-86565-059-4

「ニ」族と「ヲ」族で、 世界がわかる！
日本企業が世界で逆襲するための事業戦略

「ニ」族企業＝相手に自分を合わせる。「ヲ」族企業＝相手を自分に合わせる。「ニ」族と「ヲ」族という視点で日本企業の繁栄と停滞を理解し日本企業の「第３ラウンド」にどう勝つか？世界で勝つための１０の戦略フレームを提案。

水島温夫著　　　　　　　　Ａ５判並製　本体価格 1500 円＋税